社会哲学講義

近代文明の転生に向けて

田村正勝 著

ミネルヴァ書房

はしがき

日本が地震列島とはいえ、千年に一度の大震災に見舞われ、さらにこれが原発崩壊に繋がって、未曾有の悲劇が現実となった。現在の日本で、いったい何故なのか。

哲学者のカール・レーヴィットは、太平洋戦争直前まで東北帝国大学で教鞭をとり、この戦争の勃発とともに日本を離れたが、その折に彼は次のように警告した。「ヨーロッパでは近代文明の功も罪も熟知されているから、そのマイナスを抑えるべく、近代化を二五〇年から三〇〇年もかけて、ゆっくりと推進してきた。しかし日本は近代化を、西欧の三倍のスピードの一〇〇年足らずで達成しつつあるから、やがて大変な悲劇に遭遇するであろう」と。

残念ながらこの予言は的中した。明治維新以来の急激な近代化が、軍事ナショナリズムに走らせ、それが「原爆」をもたらした。そして戦後は「経済主義一辺倒の近代化」が「原発崩壊」に繋がった。いずれも未曾有の惨事と言うほかはない。近代文明は本書で詳述するとおり、すでに危機的状況に突入しているが、日本は急ぎすぎた近代化の結果、今やこの危機の先端に位置し、それゆえの悲劇だと言えよう。

ただし危機（crisis）は、崩壊（clash）ではない。クラッシュに至るか、これを避けて新たな方向に転換しうるかという、瀬戸際の分岐点が危機である。それにしても人類はこれまで多くの文明を築き、そして崩壊させたが、その崩壊には決まって次の三つが重なっていた。第一に生態系の撹乱、第二に社会システムの機能不全、そして第三に人々のモラルの退廃である。いま危機に瀕している近代文明はどうか。

第一の生態系の撹乱は、人間社会と自然界との共生が不可能となり「自然生態的統合（natural-ecological integration）」が崩れることである。具体的には環境問題と資源問題が深刻となる。たとえば今日の温暖化と異常気象は、誰の目にも明らかだ。現在の温暖化が修正されなければ、CO_2をもっとも吸収している「アマゾン流域の森林」は四〇〇年ほどで消滅する。したがって地球は急カーブで「灼熱異常気象」となり、ハリケーン、台風、豪雨、干ばつ、寒波、豪雪などで人類は四〇〇年以内に絶滅する。

第二の社会システムの機能不全は、「社会的統合（social integration）」の挫折である。いずれの文明においても、人々は相互に社会関係を形成して共生しうる「社会的統合」の下で生活したが、やがてそれが瓦解した。近代文明も今日では、主として「市場システム」と「民主主義政治」の機能不全により、この社会的統合が崩れつつある。

一方で福祉国家が限界にぶつかり、他方で社会主義が崩壊してグローバルな市場経済が支配的となったが、市場はいまや「カジノ・エコノミー」の跋扈する場をも提供し、リーマン・ショックをはじめ機能障害が目立つ。さらに市場主義経済が、格差社会の温床ともなり、アメリカでは、四人家族の場合、年間所得が二〇二万ドル（約一七一万円）以下の貧困層が四六〇〇万人、全人口の一五％を超えた。日本でも、年収二〇〇万円以下のワーキングプアがサラリーマンの二六％以上の一二〇〇万人超となり、生活保護者が一五年間で一〇〇万人増えて、約二〇〇万人超となっている。

また政治も、民主主義を推進してきた先進諸国においても、日本ばかりでなく殆どの国において、満足に機能していない。議会制民主主義は、一面において政党政治の発展とともに形骸化してきた。

第三のモラルの退廃は、人間の「主体的・人間的統合（subjective-human integration）」の崩壊である。各人が欲望と行動とを調整し制御し、真善美聖などの「価値欲求」や普遍的な「人類的価値」の追求を心がける姿勢が、この主体的人間的統合である。しかし、今やこれが難しくなっており、精神を思う人々も増大する一方である。

他方でこれと関連して「企業モラル」の堕落が、とくに問題となってきた。たとえば日本では、「法令遵守（コンプライアンス）」や「企業の社会的責任（CSR）」が声高に叫ばれるが、そのこと自体が企業モラルの退廃の証左だ。一方では、堂々と契約違反的な雇用カットや派遣切りあるいは下請け泣かせ、さらには「やらせ公聴会」や「政官業の癒着」が横行し、他方で少なからぬ企業が、牛丼屋の値下げ競争に見られるごとく「過当競争」に走り、自企業だけが生き残ろうとする。これらは、経済グローバル化によっても助長され、世界的な傾向となってきた。

さて日本の教育および学問も、先の「急ぎすぎる近代化」の要請を受け、これに影響され、同時にそうした教育と学問が、近代化のスピード・アップを助長してきた。

とくに戦前は「近代化」イコール「国家の形成と発展」もしくは「富国強兵」と捉えられ、これに役立つ教育・学問が重視された。そして戦後は「近代化」イコール「経済成長」と理解され、これに貢献する教育と学問が目指された。それゆえ社会をコントロールする社会科学と、自然をコントロールするための自然科学が展開され、これらを応用した「科学技術」が万能視されるに至った。

しかし、こうした教育と学問の傾向は、わが国ばかりではなく、近代文明の最大のメルクマールの一つである。そもそも近代文明を築いてきた「近代合理主義」は、分析能力である「悟性」による判断を、極端に重視するところの「合悟性主義」である。したがって学問も、悟性によって分析され分割され枝分かれした。ここに科学は「専門特化」をきわめ、これが社会や自然をコントロールするところの「専門技術」を産み落としている。

たしかに、このような専門特化した「狭義の学問」(ヤスパース)は、ある面で成果を挙げている。しかし本書で述べるように、もうひとつの「一つの知識という理念」に基づいて、これら諸科学を統合し、「生とは何か」について思考する学問、あるいは「自己の陶冶に資する」ところの「広義の学問」(ヤスパース)も、きわめて重要である。

狭義の学問は、「合理的な科学的精神」(ベルクソン)に基づくが、それは対象の部分的認識であり、その部分の最適化をはかる技術を招来する。これに対して後者は、全人類的な、さらに自然生態的な「普遍的な価値」を追求するところの「哲学的精神」(ベルクソン)に基づく。

しかも、これら双方の学問は、本来的に相互補完的でなければならない。なぜなら後者が追求する「普遍的な価値」に基づいてのみ、狭義の学問の正しい位置取りが決定され得るからである。狭義の学問だけならば、それは探求者の観点のとり方と、用いる記号すなわち「専門用語」とによって左右される(ベルクソン)。ここに例えば「原発事故」も、起こるべくして起きる。

これに対して広義の学問は、どのような観点にも記号にも囚われずに、普遍的な価値を志向する。しかし近代文明は狭義の学問を偏重し、さらには広義の学問までが合理的な学問たらんとして、「哲学の科学化」という傾向さえ出てきた。

したがって、このような近代の学問には、近代文明を崩壊へと導く決定的な要因が含まれている。狭義の学問は、第一に価値思考に欠けるゆえ、社会と人生に普遍的な目標を与えることができない。それればかりか技術的に可能なことは、全て実現すべきだという短絡的な思考に陥る。そこから先の「自然生態的統合」と「社会的統合」の二つともが、崩されてきた。

狭義の学問は第二に、因果系列の探求に終始するだけで、世界と学問自体さらには人間自身の意義について明らかにし得ない。これが軽視されることが、モラルの退廃につながっている。

こうして近代文明の危機は「正しい問題に対して誤った解答を与えたからでなく、誤って立てた問題を、正しく解答したことに由来することが多い」（エイコフ・ラッセル）といえよう。

このように人類はいま、近代文明の危機に遭遇し、文明の部分的な修正ではなく、自然観や人間観、社会観をはじめとする「近代文明のパラダイム」の全体を、再考しなければならない。とりわけ近代文明を推進してきた科学と科学技術は、根本的な反省に迫られている。しかし言うまでもなく、それは科学や科学技術を排除することではない。ましてや専ら形而上学的な思考に沈潜することでもない。むしろ今日の危機は、形而上学や哲学的精神が、科学と正しく結合し得なかったところに由来する面も大きい。

したがってこれらの正しい結合を模索し、近代文明のクラッシュを回避して、新たな文明に踏み出さなければならない。そのような「建設の哲学」が、焦眉の急である。本書の「社会哲学」は、近代文明に代わる新たな文明のパラダイムを模索し、また科学と哲学を正しく結合して、誤った問題定立の修正を試みる。要するに「建設の哲学」を目指すものであり、そのために人類の思想の足跡をもトレースし、その意義と学び方を検討している。

著者は早稲田大学の学部において「社会科学古典研究」の演習を四〇年ちかく担当し、また大学院では「社会哲学研究」の講座と演習を担当している。本書は学部の演習で毎年上梓する論文集『社会科学古典研究』誌に、巻頭論文として掲載した内容を下敷きにしている。

また第6章「社会哲学のパンセ」は、八四年から八六年にかけて新聞『中外日報』に、「ドイツの照る日曇る日」と題して二七回にわたって連載した記事から抜粋したものである。筆者はこの間に、ボン大学の特別研究員としてドイツで暮らし、ドイツの社会状況を社会哲学的な視点から観察し記事とした。ここでは、それらの中から、現在でもとくに意味がある、あるいは興味深いと思われる文章を取り上げた次第である。すでに四半世紀前にドイツの社会が抱えていた諸問題と、現在の日本の状況との同質性が、幾つかの点で読み取れよう。

これまで著者は、早稲田大学大学院社会科学研究科の「社会哲学研究演習」を受講した学究者と協力し、「社会哲学講座」として『甦るコミュニティ――哲学と社会科学との対話』(共著)、『ボランティア論――共生の理念と実践』(共著)、『社会科学原論講義』(単著)を出版しているが、本書はこの講座の第四巻にあたる。読者の建設的な厳しいご批判を請う次第である。

本書の上梓に際しては、『ボランテイア論』と同様に、ミネルヴァ書房の皆様、とりわけ東寿浩氏に大変お世話になった。厚く御礼申し上げます。

千年に一度の大震災が襲った年の、また生態系撹乱を厳格に告知された猛暑の夏に記す。

二〇一一年八月

田村　正勝

社会哲学講義——近代文明の転生に向けて【目次】

第1章　存在と思考および価値をめぐる社会哲学

1　言葉と沈黙

言葉と共同体

ギリシャ哲学が、人間の本質を要約して、理性的動物（zoon logon echon）であるとか、ポリス的動物（zoon politikon）であると語っていることは周知のとおりである。そして前者の理性、つまりロゴスには、言葉という意味も含まれているが、実はこの二つの要約をつなぐキーポイントは、ここにある。

後者が指摘する通り、人間は生きるためにポリス（共同体）を営み、ここで政治を行わなければならないが、利害や心情をともにする、そのような共同体の絆は、何よりまず「言葉」である。したがってこの二つの人間把握は重点の置き処は異なるが、「言葉を語り、それによって共同体を営む動物こそが人間である」という意味で、同じことを言っている。

ところで二つの要約をこのように総合すると、それらが人間の本質ばかりではなく、言葉の本質についても語っていることが理解できる。つまり言葉とは、本来的に共同体のなかでのみ存在し得るものであり、利害や心情を共にする者どうしの間でのみ、真の会話が可能であることが示されている。

プラトンが、「書かれたものは、かならず誤解される」とか「根本的に理解しえない多くの理解者をもつようになる」と言うのも、この点を突いている。言葉を語り、それを文字にしてみせる相手は、共に共同生活を営み得る人間だけである。ところが書かれたものは、そうした人間以外の多数の読者に触れる。しかし彼らはそれを根本的に理解し得ない、ということである。

あるいはもう少し一般的に解釈すると、ものを書く場合、もともと誰に向けて書くかによって、書き方が違ってくるのに、その向けられた以外の多数の人々が読んでしまうから、根本的に理解し得ない多くの不正確な理解者を作り出すということである。しかしこれを突きつめると、先に述べた言葉の本質に行き着くであろう。

ましてや言葉は単なる記号などではない。科学者は専門用語を、この意味の言葉ではなく、記号として使用している。しかし専門用語といえども、決して無色ではあり得ず、単なる記号以上の意味を本来は含んでいる。

それはともかく、このように言葉が本質的に社会的なものであり、共同体の紐帯である以上、沈黙するものは孤立し、共同体からドロップアウトするほかはない。逆に言葉を発することにより、自分を取り巻く世界と自分との関係を確認することができ、また自分自身の中にある他人にも気づくことができる。したがって語ることによって「明らめる」、つまり明らかとなるがゆえに断念することもできる。これこそ人間の根本的特徴の一つである。

沈黙の言葉

ではこれとは対照的に「沈黙すること」は、人間の本質とまったく相容れないものであろうか。われわれはきわめて美しいものに遭遇して感動の絶頂にあっては、ただ目を見張るだけである。また恐怖の最中にも言葉は出ない。それればかりではない。意識的に沈黙することもあるし、極端な場合には自死という形で永遠の沈黙を選択することもある。

そして共同体におけるこのような沈黙の中には、われわれが「聞く」ことのできる「沈黙」が幾つか含まれている。そのような沈黙と対話することさえできる。この沈黙はもはや言葉に対立するものではない。ここでは逆に沈黙が言葉によって中断される。そのような沈黙こそ、人間と世界の本質に由来する深遠な沈黙にほかならない。この沈黙を聞くために、言葉が使用されて、敢えて沈黙が破られる。

ちなみにモーツァルト父子も世の常のごとく、親子対話はあまりスムーズではなかったらしい。それゆえ、モーツァルトは父親が亡くなったとき「これからは父と本当の対話ができる」と語ったという。存命中は、お互いの言葉が本当の対話を妨げていたのであろう。

それはともかく、この「深遠な沈黙」を聞くことこそが、哲学の本質にほかならない。もとよりこれを語り尽くす言葉はあり得ない。「我々は魂を言葉にゆだねるわけにはゆかぬ」（ソクラテス）。このことは、沈黙することができる者だけが、深遠な沈黙を聞き得ることを意味している。しかし沈黙するだけでは、これを捉えられない。その点に関してプラトンは同じ心情をもつ者どうしの共同体における持続的な努力によって、ある日突然に事物の本質が洞察される、と語っている。

さて、独りでなく大学のゼミナールや市民講座などにおいて、古典を学ぶ機会も多いが、その根本的な意味も、このような哲学の本質のアナロジーで考えることができよう。そこにおける共同学習とお互いの触れ合いを通じて、この深遠な沈黙を聞くことこそが主題である。もっともこのような立場に対しては、それは非科学的であり、学問に個人的な人間関係を持ち込むことであり、普遍性を否定するものだという批判が浴びせられよう。

実は一九六〇年代以降の哲学のあらたな展開の主要な一つが、こうした批判にこたえようとする動きである。普遍性を追求するために、哲学の科学化、哲学の非人格化（Depersonalisierung）を推進している。それは、とりわけ「科学哲学」や「分析哲学」あるいは「言語分析哲学」の一部に見られるとおりである。

たしかに一面でこうした点を考慮する必要もあるだろう。しかしこれらの立場が、科学主義に陥り、言葉の本質を忘れ、正しく語り沈黙することを忘れて、しゃべりまくる性質を助長するならば、これこそ厳しく検閲されなければならない。なぜなら今日の情報化社会は、まさに言葉を単なる記号に陥れて、物事の本質を忘却していく傾向を、ますます強めているからである。

2　主体性と客観性

合理主義と人間中心主義

二〇世紀のもっとも大きな特徴の一つは、「客観性の重視」であるが、これが合理主義に偏向した価値観を生んだ。したがって合理的な科学を重視する余り、「数量主義」や「感性の軽視」さらには「自然を支配する傾向」を強めたことも否定できない。他方で二〇世紀の哲学は、一九世紀的な「歴史の進歩」に対する信仰に代えて、「主体性」を課題としてきたが、それゆえに「人間中心主義（Anthoropozentrismus）」の思想に陥った。これも事実である。

このような「近代的合理主義」と「人間中心主義」の結果、われわれは人工的な物質的な繁栄の中で、外的には自然を喪失し、内的には精神の病理に陥っている。二〇世紀を学問上で総括するならば、このように言えよう。

ところで、われわれが主体的に行動するとき、自分以外のあらゆる対象に遭遇しながら、世界の中を突き抜けてゆく。しかし同時にこれは、そのような全ての世界がわれわれの中を突き抜け、貫き通すことにほかならない。

世界の部分も全体もわれわれを貫く。つまり主体的に生きるとは、われわれが主体的に行動すると同時に、世界がわれわれを貫き通すことであり、そうした世界がわれわれをして言葉を語らしめ、あるいは沈黙を強要する。したがって思考を育み、あるいは思考を形成させ変更させもする。こうして世界がわれわれ自身に来たるのである。すなわち主体性は同時に客観性であるほかはない。

それゆえ主体性と思考や思想は、天然自然をも含めた最広義の世界の「過程」に根ざしている。この世界の時間的空間的ダイナミズムが、人間の思考を生み出す。したがってわれわれの全ての思考は、本来的に人間中心主義の論理を超越しているはずである。これを自覚することが、近代合理主義と人間中心主義を超克するための大前提だと言えよう。

倫理や道徳も、いまや人間社会の枠を超えて、あらゆる世界との間柄におけるものでなければならない。世界の中心は人間ではなく、世界全体であり、全ての諸関係である。このように世界の中心は「至る所にある」が、それを時間的空間的に特定することが出来ないから、また「何処にもない」と言えよう。

縁起の自覚と主体性

このような「多中心的世界」の認識こそが、近代を超克する論理の核心である。既述のとおり、われわれの思考が本来的に人間中心主義を止揚し超越しているが、この認識と多中心的世界の認識こそが、真の主体性を生み出す。

仏教における「無我」は、まさに一切の関係性の中に「自己」を見いだし、そうした関係性から独立した「自己」は存在しないという自覚である。この自覚こそが本来の主体性を生み出す大前提にほかならない。

これは、独立した固有かつ不変の「自己」は存在しないという自覚ゆえに、「無我」の自覚である。では「自己は無いのか」と言うとそうではない。一切の他との関係のなかで生まれ、存在し、世界を認識し、自己を考え、行動する主体としての「自己」だけが存在する。これが、仏教思想の中核である。

この自覚すなわち「縁起」の自覚によって、相互依存的な全体の生命的世界の中に、自己を位置づけ、何を為すべきかという自己の役割に目覚めていく。この実践が「菩薩道」であり、これこそが真の主体性にほかならない。こうして小乗仏教における「無我」は、大乗仏教における「菩薩道」としての「我」を必然的に導いている。

要するに、主体性さらには人格（ペルソナ）は、われわれが真理や超越的な存在を見つめるときのみに成立しうるものであり、これは自分ひとりで見つめるほかはない。ただし、この超越的存在は、仏教における縁起の法、キリスト教では神、プラトンではイデア、ヘーゲルでは歴史理性、ハイデガーでは存在などであり、ここでは超越的存在を最広義に考えてよい。

そして、この人格は決して個人にとどまらず、社会的使命へと結びつかざるを得ない。先の「小乗仏教」と「大乗仏教」の関係、あるいはキリスト教における「トミズムの人格」と「オフィチアのペルソナ」、さらにはプラトンの「エロスを見つめるべき人間」と「ポリス的生活を営むべき人間」の考え方などは、いずれもこの点を暗示している。

学問をするということ、とりわけ古典を学ぶということもこれと変わらない。それは一方で真理を見つめ、これと語らう努力をし、他方で自分の社会的使命を考え、これを実行することにほかならない。

3　知識と知恵

経済主義・物質主義と専門的知識

自然科学や社会科学など、およそ近代科学の進歩がわれわれの生活を物質的に豊かにしてきたことについては述べるまでもない。しかしこのことが、ただちに人類の平和と幸福につながるものではない。その点についても、大多数が承認している。なぜか。

この原因や理由についても容易にいくつか考えられるが、それらのうちで根本的理由は、「人はパンのみにて生きるにあらず」だからだと言ってよい。われわれは物質的な基盤に立ってのみ生活しうるが、同時にそれだけならば、他の動物と異ならない。

人間の人間たる所以は、そうした生活のなかから真、善、美、聖などの諸価値を追求する点にある。しかし近代社会は、そのような価値の追求よりは、物質的基盤を厚くすることを重視し、社会はますます即物的な「カネの世界」になってきた。これは近代社会の根底が「経済主義」の社会となっているからであるが、この点を突き詰めると「近代社会は知識に富むが、基本的に知恵が無い」と言えよう。

近代人は専門的知識をたくさん知っている。この点ではいかにも有識者である。この傾向は科学技術の進歩と平行して、ますます強まっている。たとえば最近の日本の学生は、十年前の学生と比較にならないほどの多くの専門知識を、大学に入るまでに勉強し覚えさせられてきた。したがって、今日の学生はいかにも物知りである。

しかし基本的には、首をかしげたくなる者が多い。なぜなら教科書で教えられた専門的知識を用いるための「総合的判断力」を備えていないからである。これは、今日の共通な傾向と言えるが、より一般的に経済主義と効率主義に陥っている近代人の特質だと言えよう。

総合的判断力とは、細部にわたる点については、たとえ誤認したとしても、大局をあやまらずに察知する能力である。謡に「桐一葉、落ちて天下の秋を知る」という一節がある。葉が一枚落ちたのを見て、天下が秋になったのを悟らなければならない。こうした能力が総合的判断力にほかならない。しかし、春に葉が虫に食われて落ちるのを見て、天下が秋だと判断するならば、これは総合的判断を誤ったのである。なぜこのような誤謬をおかしたのか。それは、分析的判断つまり専門的知識に欠けたからであろう。したがって総合的判断を誤らないようにするには、確かに専門的知識を身につけることが重要である。けれども、それだけでは総合的判断力すなわち知恵はつかない。

思索と知恵

知恵は思索しなければ得られない。経験を積み、専門的知識を学ぶことも重要であるが、そのうえに思索をすることによって、はじめて知恵がつく。そうした知恵を会得したならば、たとえ専門的知識に欠ける場合にも、大局を見誤らない総合的判断が可能となる。

近代以前の人々は、この意味において知恵者であったのに対して、近代人は専門的知識を持ち合わせているにもかかわらず、知恵に欠ける。このために、経済主義の社会を築き、これを発展させ、そして、このままでは「破局しか残されていない状況」にまできてしまった。

さてヘーゲルは、青年は人生の日常的な煩わしさから解放されているから、学問は青年のものだと言う。しかし、これとは別の意味において、思索は青年のものとも言える。青年は多情多感であり、かつ貧しいがゆえに常に壁に突き当たる。そして壁に突き当たるたびに、ものを考え知恵がつく。しかし、今日の社会では青年さえも思索し、悩むことなしに、生きてゆけるようになった。科学技術の発展と物的豊かさのおかげで、青年は苦労なしに自分の自由を手に入れることができるようになった。

こうして近代社会の発展とともに、思索しなくなり、知恵を体得することが難しくなっている。したがって社会全体が大局を正しく見とおす能力に欠け、即物主義に走っている。その結果、青年はさらに思索しなくなる。近代社会はこのような悪循環を続けながら破局に向っている。

われわれはこの悪連鎖をいかにしたら切断できるのか。そのもっとも重要な手だてのひとつが、「古典を学ぶ」ことである。古典を読むことは、巷間に出回っているハウ・トゥものや皮相な社会科学の本や小説を読むのに比して、はるかに苦労する。苦労しながら思索する。古典と読者との間には時間的空間的隔たりがあるから、絶えず苦労して読むほかはない。

したがって、おのずと努力し、苦労し、思索して読むことになる。こうした努力が、大局を見誤らない総合的判断力を養うのである。ただし、総合的判断力を「体得し了る」ないし「体得し切る」ということは本来あり得ない。道元は「修証一如」を説く。これは修行している姿が、そのまま証つまり悟りであるという意味である。それゆえ悟ったと思って安心すれば、ただちに悟りも消えてしまうということである。

古典の勉強も同様である。そうした生活をしている場合には、大局を見誤ることはない。

4 分厚い時間の「いま」

特殊的時間と普遍的時間

時間とは〝いのち〟である（難波田春夫）。

この〝いのち〟を、「生活」と読み替えるならば、物理的な「普遍的時間」に対して、各人の生活と結びついた固有の「特殊的時間」を、より本質的な時間概念だとみなすことになる。

デュルケームはこのような立場から、さらに一般的に「時間というカテゴリーの基盤は、社会生活のリズムであり、日、週、月、年などの区分は儀礼、祝祭、祭儀の周期に相応している」と主張した。これは時空を異にしても共通である「普遍的時間」に対して、本来はそれぞれの社会には「固有の時間」があるということである。しかしこのような主張は単に「時間」に関する見解に止まらない。何事につけ普遍性を追求し、これを最重視する近代的思想に対して、本質的な批判を投げかけている。

さてこのような「特殊的時間」を承認するにしても、難波田の言う〃いのち〃を文字通り「生命」と解釈することもできる。ここでは時間は「生命時間」であり、自分の未来の「死」から逆算して、どれだけの物理的な生命時間が残されているかが問題である。

このような時間解釈においては、時間が、鋭利な実存的課題をわれわれに投げかける。常に死を意識し、死ぬまでの物理的な「普遍的時間」を、私的な固有の「特殊時間」でどのように塗り潰すかを、否応なく考えさせられる。われわれは一気に「死生観」の淵に立つ。

死生観――いかに生き、いかに死ぬか！――は、何よりも自分固有の「特殊的時間」を問題にするが、しかし他方で「普遍的時間」を常に意識する。死生観は、自分に残されている普遍的時間との関係において、特殊的時間を問題とする。したがって、普遍的時間と、特殊的時間との交叉が、死生観の立脚点と言えよう。

過去・現在・未来

ところで過去は、現在において思い出しうる限りの時間であり、それゆえ〃心に内面化（er―innen = Erinnerung）された現在〃にほかならない。したがって過去は「現在をかじり取り」（ベルクソン）、「現在にしがみついている」（フッサール）などと言われる。

では未来はどうか。時間が否応なくわれわれの死生観を呼び覚まし、死生観は、未来点「死」からの逆算の「普遍的時間」と、私的な「特殊的時間」とに〃折り合い〃をつけるものである。それゆえ未来もまた、〃現在をかじり取り、これにしがみついている〃と言えよう。

これまで述べてきた意味で、時間はまさしく〝いのち〟であり、過去も未来をも含む「分厚い現在」である。物理的には瞬時にすぎない、否、もしくは存在しえない「現在」は、生活時間として、死生観の立脚点として、きわめて「分厚い時間」だと言えよう。

一定の普遍的時間は、誰にとっても常に等しい長さである。にもかかわらずこの時間は、同じく誰にとっても、ことに青春を駆け足でやり過ごしてきた後で、次第に短く感じられるようになる。

これに対して「分厚い現在」には、このような一般論は当てはまらない。各人の現在はみな異なる厚さである。そして〝古典を読み思索する〟ことは、この現在にいっそうの「厚み」と「うるおい」をもたらすであろう。

古典を学ぶことにより、われわれは、過去を〝寛容に理解〟して、それを現在に引き戻し、また未来に〝感謝の念に充ちた落ち着き〟を期待して、これを現在に手繰り寄せるのである。

5　価値をめぐる主観と客観

主観と時代の諸星座

しばしば最高の価値として真善美あるいは聖があげられるが、いずれも抽象的な概念にすぎない。けれども、これらはそれ自体である種の力をもつ。これらの概念は、生活の中で豊富な内容を獲得し、同時にわれわれを規定する。

たとえば絵画を取り上げよう。画家はそれぞれ独自の素材により、各人固有の「美」を追求するが、画家たちのそのような多様な主観や感覚は、いずれも、いわば「普遍美」に制約され、ここに溶け込んで一つとなる。この場合にのみ画家の主観が「万人にとって美しいもの」になりうる。そうした「普遍美」に溶け込む主観だけが、「美」を形成する。しかしこの「普遍美」は、ただちに具体的内容を持つものではない。けれども、ある種の普遍的内容を包含している。

それゆえ画家の主観は、この「普遍美」なる概念に規定されざるを得ず、そうした意味において主観は完全な主観ではない。しかし他方で「普遍美」なる概念の具体的内容は、このような画家の主観を離れてはあり得ないから、この意味では完全に普遍的な客観的な美もあり得ない。

ここに「美」の概念もしくは「価値の本質的構造」が理解できる。否、そればかりでなく、これは「概念」や「価値」一般の本質、具体的には「主観と客観の意味深い関係」が示唆されている。

マックス・ウェーバーは、一方で科学の名において「当為（sollen）」を語ることを否定したが、他方で全てが「価値関係（Wertbeziehung）」的であることも承認し、「文化価値に照らして云々」と主張した。この「文化価値」の意味が曖昧なため、ここでの彼の主張全体がいまひとつ明らかとなっていない。だがこの「文化価値」を突き詰めると、先の「美」のごとき意味関連、本質構造、より一般に、あの主観と客観の関係が明らかとなろう。

実は彼の社会科学方法論に関する「価値自由（Wertfreiheit）」の主張も、かつて訳された「没価値性」ではなく、文字通り「価値自由」ということであり、その意味は、いま述べた「美」における主観と客観のアナロジーによって理解されよう。

すなわち探求者は，探求の前提となる「価値観点」を自由に立てることができるが，それは，その時代の「普遍的ともいえる重要な価値観点」に通じていなければならない。ウェーバーはこの価値観点を「諸星座（Gestirne）」と比喩的に表現したが，これはその時代の「文化価値」にほかならない。探求がこれに通じていない場合は，探求プロセスにおいて，自分の価値観点を，この諸星座に向けて修正を余儀なくされるということである。

世界観と精神類型

主観と客観，主体と客体，特殊と普遍，心の世界と物の世界，いずれも同じことであるが，これらの間の意味深い関係を理解することが哲学に課されている。ひいては心の世界もしくは主体の自由と，物の世界もしくは客体の必然性，より一般に自由と必然の相互関係をどのように捉えるかが，哲学の根本問題である。

われわれは日常生活では，つねに具体的個別的な事柄に心を砕く。しかし反面で，世界全体に思いを馳せる。特殊的個別的な事象を相互に関連づけ，それらを包括する世界全体を考える。しばしば特殊な事柄を扱う場合にも，このような全体との関係を問う。それは主体と客体，自由と必然との関係についての問いかけに収斂する。これに対する回答が「世界観」と言われるものである。

ところで思想家の多様な世界観は，その時代の代表的な「精神類型」を示している。しかしデカルトをはじめ，ルソー，カント，ヘーゲルあるいはマルクス，その他どのような思想もさまざまな立場から，決定的に論駁されている。にもかかわらずあらゆる反論を乗り越えて，これらの思想が生き永らえているのは、それらがいずれも人間精神の代表的なパターンを示しているからである。

古典を学び社会哲学を深めるとは、こうした精神的類型を学びとること、つまり人間を学ぶこと、それぞれの時代精神、「諸星座」を知ることにほかならない。このようにしてはじめて特殊的な事柄を全体的関連で捉え、自由と必然の間で己れの運命を切り開くことができよう。

6 認識の相対性と客観性

真理とパラダイム

真理を意味するギリシャ語の“αλήθεια”は、否定の意の“α”と、「覆われ」を意味する“λήθω”の合成語であって、隠されていたものの覆いが取り除かれ、露わになることを意味する。そして従来の科学は、まさに真理を隠している覆いが一歩一歩取り除かれていく「進歩史観」に立っていた。ひとたび覆いが取り除かれると、そこに真理が現れ、その真理はそれ以降永久に真理であり続け、この基盤の上に、さらに新たな真理が発見されるといった科学観であった。

ところが、六〇年代以降こうした科学観は否定されはじめ、今日ますます強く否定されている。トマス・クーンの「パラダイム論」によると、科学的真理や法則は、一定の枠組み、パラダイムを前提にし、その範囲内で考え出されている。それゆえA理論とB理論の枠組が相互に異なれば、A理論とB理論とは概念的に共約不可能だということである。

したがって科学が、蓄積的漸進的に真理に接近してゆくとは言えない。従来のパラダイムに支配されている規範科学は、やがて別の科学にとって代わられるが、両者は枠組的概念的に別なものであり、どちらが真理をより深く解明しているかは、単純には言えない。

このような科学に関する新たな見解は、さまざまな領域に影響し、それらと関連して展開される。たとえばダーウィンの進化論に対して、「棲み分け理論」が主張された。すべての生物は最初から同時発生的に存在し、棲み分けをしてきたという。決して自然淘汰的に発展してきたものではない、という見解である。

また特に文化相対主義の考え方も、こうした新たな科学観と結びついている。西欧文化も世界史の中で一定の時間的空間的枠組みにおいて展開されたものに過ぎないから、これを最高に価値のある文化とみなすべきではない。アフリカの部族文化もそれなりに評価されるべきだという見解も強くなっている。要するに西欧を中心とした世界解釈が反省されてきた。そして、イランのホメイニ師を中心とするパン・イスラミズムの動きなどが、これと呼応していた。

このような科学観およびこれと結びついた生態学や文化に関する相対的な見方と実践は、結局のところ近代合理主義と悟性認識に対する反省にほかならない。したがって、これらを特徴とする「近代」を超克する思想だと言えよう。

主観主義と客観主義のあいだ

近代合理主義の反省としてのこうした相対主義は、しかし他方で無制限の主観主義に陥る危険性を秘めている。たとえばファイヤアーベントの「知的アナーキズム論」は、そうした方向性が強い。この理論は、それまで真理とみなされてきた考え方と矛盾する仮説だけが、新たな真理を生み出すという主張であり、これはラディカルに社会の共通項を否定することになる。

プロタゴラスが「人間は万物の尺度である」と言うときの人間は、個々の個人を指していた。われわれ一人ひとりが、自分の欲するように真理を考え出し、それにしたがって生きれば良いということであった。まさにギリシャのポリスがほころび始めたとき、このようなソフィストの見解がもてはやされた。

このことから明らかなように、完全な主観主義は、社会の価値体系が大きく揺らいでいるときに生まれる思想であり、社会を崩壊に導く思想にほかならない。ここからは決して新たな「建設の哲学」は生まれない。

しかし他方で逆に、客観的な真理もあり得ない。対象を主観から全く切り離して見ることは不可能である。にもかかわらず、多くの人々や社会に「共通な認識」は可能である。カントが『純粋理性批判』で「科学的認識とは人間の尺度を、対象に照射して得られる認識だ」というときの尺度は、決して単なる個人的尺度を指していない。人間すべてに共通な尺度（先天的形式）を想定していた。このように共通認識の基盤を探り当てるところに、カントの心髄があった。したがって彼は、「建設の哲学」の樹立を目指していたと言えよう。

従来の科学観に見られたような完全な客観主義が反省されなければならないのと同様に、完全な主観主義も排斥されるべきである。心を離れた物はあり得ない。同時に、物を離れた心もあり得ない。

こうした主観と客観の本質的関係を認識することが一生（Leben）」の大前提である。これを誤ると科学を盲信したり、逆にいたずらに否定したりすることにもなる。

このような認識にもかかわらず、否、これに徹するならば「いま、ここ」という制限状況の下で、今あえて何を為すべきかを考えざるを得なくなる。意味のある時代精神の探究へ、必然的に導かれよう。このような問題意識なしに古典を読むことはできない。

7　パラダイムと「ゆらぎ」ならびに外観と内観

科学と「ゆらぎ」

社会にせよ自然界の秩序にせよ、どのようなシステムにも、支配的な原理から逸れる「ゆらぎ」があるが、それは例外的な現象で無意味であり、削除されるべきだと考えられてきた。しかしプリゴジンの「ゆらぎを通しての秩序」（『混沌からの秩序』）や、われわれの気分を爽快にするα波が、メロディーやリズムの「ゆらぎ」から生まれるなど、従来の常識に反する事実が知られるようになってきた。したがって最近では、組織の「ゆらぎ」を重視する企業も出てきた。

だが一般的にはなお、とくに社会現象の場合には「ゆらぎ」は、社会全体の進歩の足を引っ張るものだと思われている。ゆらぎは社会を揺るがす可能性もあるから、社会の発展のためには、消滅させることが必要だとさえ考えられている。さらに個人に関しては「ゆらぎ者」は、例外的な人物とかマイノリティー、あるいは逸脱者とのレッテルが貼られることも少なくはない。

ところで「ゆらぎ」を認定する支配的な原理や平均値は、どのようにして創られるのか。近代以前の「伝統的社会」では、これらは慣習、因習、信仰その他の伝統、要するに生活の積み重ねの中から、自然に形成された。しかし近代以降は、概して科学がこの平均値を決定している。

では科学はどのように決定するのか。イギリスの有名な天文物理学者アーサー・エディントンが述べた、次のような「魚類学者の比喩」(『物理学の哲学』)は、科学の本質を言い当てている。魚類学者は毎日、網の目五センチの網を海に投げ、沢山の魚を捕まえて分類し、魚を定義した。第一にあらゆる魚はえらを持つ、第二に直径五センチ以上であると。

科学といえども、無手勝流では真理を把握できないから、何らかの手段を講じるが、その手段はたとえば、この網のようなものにほかならない。三センチの網を使えば、魚の定義は三センチ以上となる。この手段に幾分広い意味をもたせて、これを「科学の枠組み」もしくは「パラダイム」と捉えると、それゆえ平均値は、さらに一般的に真理は、パラダイムによって変わってくると言えよう。

システムの「非平衡性」と「ゆらぎ」

平均値、真理、さらには一般常識がこのような性格であるからには、第一に何事にも「ゆらぎ」があるのは当然であり、そうした「ゆらぎ」を基準として見ることも、簡単には否定できない。その場合には、一般に受け入れられてきた科学的常識こそが「ゆらぎ」である。

第二に実際に局部的な「ゆらぎ」が次第に全体を動かして、新しい基準となることも不思議ではない。われわれの身体にできるガン細胞は、ゆらぎの一種と考えられるが、これは複製によって増殖し、やがてガン細胞を破壊するところの細胞障害性細胞と対決するようになる。そして細胞障害性細胞は、生きたガン細胞と死んだガン細胞とを混同するようになり、その結果ガン細胞が勝利してしまうと言う。あまり有難くない例だが、このように小さなゆらぎが、全体を良くも悪くも変える可能性は常にある。

これらの点からして、どんなシステムも常にゆらぎを内包しており、したがってシステムは常に非平衡的であり、絶えず変容を遂げている。それゆえ一つの原理だけで、全体が調和し均衡的になることはあり得ない。そうした均衡論的解釈でシステムを捉え、この理解に現実を合わせようとするならば、無理が生じ生態系の破壊や社会的混乱が生まれる。その今日の典型的な例が、たとえば効率主義の「経済主義」と「自由貿易主義」に基づく「世界システム」の理解であり、そのための政策であると言えよう。

ルーマンの「オート・ポイエーシス論」によると、社会、人間、心臓その他一切の現象はシステムであり、システムは自己をとりまく他のシステムを環境とし、それらの環境と交渉しながら、絶えず自己を再形成するところの「自己組織化」を繰り返すと言う。

現象を「開放系」として捉えるこのような視点は、システムの「ゆらぎ」と「非平衡性」を理解するのに役立つ。仏教では、一切が「重々無尽」（華厳経）に関係しあっていると言うが、これを科学的に説明すると、このオート・ポイエーシスのシステム論となろう。

このようなオート・ポイエーシス理論は、システム全体を外側から観察して、事象の相互関係を動態的に捉える立場である。それゆえこの理論や方法は、対象を「客観的に大局的」に捉える点で優れている。

一般に経済学をはじめとする従来の社会科学は、考察対象を「閉鎖系」として捉え、一元的な見方をしてきたから、社会現象全体の関係を理解できず、したがって経済現象自体の十分な理解もできなかった。オート・ポイエーシス理論の立場からこれを修正して、どんな対象も「開放系」として捉え、全体を動態的に考察することが大切である。

しかし、諸現象の真っ直中で生活している人々の目線や問題意識は、「外観的」なこうした考察とは異質な内容も含んでいる。したがってこれを理解するには、オート・ポイエーシス的な視点のみでは不十分である。

現象学と内観的考察

フッサールは、科学的見方に侵食されていない各人独自の「生活世界」を主張した。先に見た科学のイデオロギー性を熟知しており、そうした科学の支配が、われわれの生活を画一的に、また内容空虚にしていくことを恐れたからであろう。

現象学は、各人のそうした「生活世界」を重視し、さらにこれが他人の生活世界とも共通性を持ち、相互に理解され得ると捉えている。いずれにせよ現象学のこのような視点は、外観的な観察者の立場から一歩突っ込んで、事態の真っ直中で生活している人々の目線に接近し、現象をいわば「内観的」に理解しようとする。

したがって学問は現象を、外観的な観察者の視点ばかりでなく、現象学のように生活者の目線に接近して、そこから内観的にも把握しなければならない。そして双方の見方の接点を探求し、これを実践することが、学問に課せられている。

たとえば規制緩和がひき起こす諸問題に目をつぶり、専ら市場の効率を求める見解は、閉鎖系的一元的な考察にすぎない。これに対して市場原理ばかりでなく、さまざまな原理の共存が大切だと主張する見解は、オート・ポイエーシス的な考察に基づいている。しかしさらに、規制緩和によって蔓延した「小児喘息」の苦しみは、「現象学的内観的考察」が明らかにする。

そしてこれらの諸原理や考察の中で、現時点で特にいずれを重視すべきかを決定しなければならないが、それには「オート・ポイエーシス的考察」と「現象学的考察」の止揚をはかることが不可欠である。

古典を読むことにより、われわれは人類の思考パターンや、そのときどきの社会が抱えた問題を勉強することができる。それによって「大局的・外観的な観察者」の見方と、「内観的な生活者の視線に接近する意志や感性」の双方を養うことが大切である。

8　意味と時間および空間

日常生活と意味

原稿に向かって呻吟しているとき、机の上のシクラメンが眼にとまる。赤、ピンク、白のいずれのシクラメンも、それぞれ異なった思い出を呼び覚ます。それぞれが、私にとって独自の意味を持つが、シクラメンに対する私の、そのような意味と結びついた今の認識は、何処から来るのか。

思い出とつなげてシクラメンを見ようとする私の「意識作用」と、そうした意識を引き出すシクラメンとが、相互媒介的にこの認識を創りだし、私は机の上のシクラメンを、そうした意味をこめて眺める。しかしこのような「私にとっての意味」はシクラメンに限らず、私が出会うもの、出会うことの全てについて言える。このような意味の世界の全体が、私の生活を根本的に規定するところの「生活世界」にほかならない。

しかし、われわれは自分にとってのこの意味を、したがって生活世界をいつも認識していることは難しい。日常生活においては、社会の通念や、科学的論理あるいは社会制度に押し流されて、自己のアイデンティティーを見失い、自らの気持ちとしっくりしない生活に甘んじがちである。

この傾向が、近代文明の進展にともなって加速化した。とくに最近の情報化社会にあっては、情報に押し流され、論理にとらわれて自由に思考することが難しく、不安感を抱くことが多くなっている。そこで自分を取り戻し、自らが納得のいく生活をするためには、仮に日常生活を括弧でくくって、自らの生活世界を探り当てることが、大切となってきた。

日常的な功利論や因果論を離れて、自分の人格を追求する「哲学的態度」を企画することが重要である。自分が関わっている「歴史と文化形成の意味」および「自分の意識」を鮮明にしなければならない。情報文明の落とし穴に陥らないためには、それゆえ、いわば「意味的世界」に深く身を沈めて、この「意味的世界」との関係で、日常生活を考え直すことが大切であるが、これこそが日常生活の核となる「生活世界」にほかならない。

人格・文化・自然の三位一体

そのような「生活世界」は、このように自分にとっての「意味の世界」であり、第一義的には自分固有の世界である。しかしそれは、広がりをもたないとは限らない。むしろ他人の「生活世界」との共通性をもつはずである。なぜなら生活の意味を考え、意味ある生活を心がけることは、「人格形成」にほかならないが、人間である以上は、こうした人格に共通性もあるはずだからである。

このような人格に根ざした共通な「生活世界」を、意識的に形成する努力によってはじめて、経済主義や科学主義に汚染された生活から、少しずつ足を洗うことができよう。この場合に、生き生きとした主体的な生を、多くの人が共有できる。が、それにしても生活の意味を常に考え、「意味的世界」に心身を置いて、人格を陶冶するにはどうしたら良いか。

そもそも世界とは、われわれが心に描く「世界像」であり、固定した普遍的な世界が実在するわけではない。瞬間々々変わり続ける実在の世界と、われわれの思考とが相互媒介的に関係しあって「心に描かれる像」、これが一般に「世界」と言われるものである。

したがって「意味的世界」も、われわれが心に描く一つの像であり、自由に描くことができる。ただしこの像が真に有意味であるためには、ひとりよがりの孤立した像であってはならない。この「意味的世界」は、決して孤立した世界ではない。その意味は必然的に、自分の思い出と希望に関係しているから、過去、現在、未来にわたる「時間的世界」と無関係な「意味的世界」はあり得ない。

そしてこの個人的な「時間的世界」も、さらに文化の継承・形成・伝達の社会的な時間と関係しているから、「時間的世界」の主軸は、そうした社会的な文化時間である。このような社会および文化と結ぶ「時間的世界」を離れて、「意味的世界」の形成はあり得ない。

またこれまで見てきたところから既に明らかなように、この二つの世界はともに、意味の展開される場所、時間の経過する場としての「空間的世界」と結合している。この「空間的世界」は、個人にとって先ずは外的環境たる「社会」と「自然」にほかならない。われわれは社会的環境と、自然的環境の双方と交渉しながら、空間に関する像を形成していく。

それは思考する心と、感覚的に空間を捉えることができる「身体」との働きとによるものである。したがって「空間的世界」は、心と体と環境が三位一体となった世界像にほかならない。

このように見てくると「生活世界」には、「意味的世界」と「時間的世界」および「空間的世界」が三位一体的に入り込んでいる。それゆえこれらに対応する「人格」「文化および社会」「自然」が三位一体となって形成するところの、自分にとってばかりでなく、他人とも共通の「意味の世界」が、われわれの「生活世界」だと言えよう。

文明の一大転換期の今、古典を読むことの意味は、古典の内容を、ここで展開されたような現象学的認識や現象学的還元とつなげ、生活世界を自分なりに考えることにある。

9　生活と認識

流転と不易

ヘラクレイトスは「人は同じ川を二度と渡らない」と言う。再び足を踏み入れる間に水は流れ、また足を踏み入れる人間自身も瞬時に変化してゆく。まことに「万物流転」である。しかし人間は本性として理性を神によって贈られているゆえに、これを使って流転の不安から抜け出そうとし、自分を救済しようとする。けれどもそれは不可能であるばかりか、そうすることが逆に人間を悪魔にも仕立てる。それゆえヘラクレイトスは「人間の本性、真の姿が人間にとってダイモーンであり、人間の本性は宿命である」とも言う。

この宿命とは何か。世界の一切は絶え間なく変化する。或るものが「有る」と言っても、その「有」は次の何分の一秒間には、すでにその前にあったものではない。ペンを走らせている自分も、一回かぎりの自分にすぎない。ここに、「有とはいったい何か」が問題となる。認識の対象を、現実の生起・転変の流れから引き離してのみ、それが有ると言える。したがって「有」は対象の現実性を奪った「抽象的な認識の産物」にすぎない。

このように自分を含めて世界の一切が不可解なもの、断定できないものだとすると、われわれは「生（Leben）」の根拠をどこに求めればよいのか。これに関して今まで二つの道が考えられてきた。一つは日常的に経験している無常なるものの中に、これを求めることはできない、とする立場である。この場合には、そうした一切の無常な生起の背後にある無常でないものだけが、現実的であるということになるであろう。

では世界の背後にある不易、「無制約的な常在なるもの」とは何か。それが神である。ただしこの無制約的な本質ゆえに「神は認識すべからざるもの」（アウグスティヌス）であり、「最高普遍者であって、非なるものと叙しうるのみである」（スコトゥス・エリウゲナ J. Scotus Eriugena）。積極的に規定されれば、神はもはやその限りでの能者にすぎず、しかじかのものにすぎないからだ。したがって「神は何であるかというよりは、むしろ神は何でないかが示される」（トマス・アクィナス）。すなわち神はこのような「積極的無」にほかならない。

科学技術文明の根底——二つの一元論

われわれの理性は、しかし、物事を明白にしなければ満足しえない。不安でたまらない。人間理性はきわめて疑り深いから、こうした積極的な無によって、自分の根拠を確信することはできない。

そこで近代になると、理性の企ての一つが、移りゆく現実を細分化して、この現実の生起にもかかわらず、永久に不変だと考えられる原子や素粒子を取り出し、これこそ真の現実であるとみなした。

喜びも悲しみも、恐怖もすべて幻影にすぎず、真に存在するのは元子や素粒子だけである。それゆえ感性に惑わされることなく、世界のすべてがこれらに還元されることを知れば、不安も生じ得ない。理性はこうして唯物論の世界像を成立させた。

もっとも、この「不安は生じない」は、ギリシャのエピクロス派の主張に通じている。エピクロスは「自然哲学」が、欲望の本質や種類を明らかにし、無知を克服すると言う。そして、これにより「魂のゆるぎない落着き（ataraxia）」の中で、自らの生活を楽しむべしと主張した。

さて理性のもうひとつの近代的な企ては、これとは正反対のものである。形あるものは必ず消滅する。したがって形体を持たない理念・不変の概念こそが永遠不変な常在なるものだとする観念論である。

このように無常なるものの背後に永遠不変な世界を見ようとする理性は、「唯物論的一元論の世界観」と「理念的一元論の世界観」とに分裂した。したがって物の世界と心の世界、肉体と精神との分裂をもたらし、それゆえに「物と心の結合」「必然と自由の結合」の仕方を誤ってしまった。ここに諸刃の剣としての近代文明、科学技術文明の出現は必然的であった。

空仮中《くうけちゅう》の三諦《さんたい》

このような理性の宿命は、真理を移ろいゆく現実の背後に求めることに根差していると言えよう。しかし、この宿命から免れるためには、無常な世界そのものの中に真理を求めなければならない。生起する日常的世界から決して目をそらさずに、この一切の在り方を問わなければならない。これが自分の根拠を求めるもう一つの立場である。おそらくここに仏教でいう「無常無我」の世界が明らかとなるであろう。

自分を自分たらしめているのは、自分以外の一切のものであり、そのような自分も世界とともに移りゆく。そればかりか、世界の一切が相互に「重々無尽」に関係しあって、瞬時瞬間に生起し消滅する。このような「即非律」(金剛般若経)の世界を自覚するならば、自分がほかの一切のものによって生かされている事を知るゆえに、感謝と報恩の念が生まれ、報恩の思想ともなる。したがって執着をこえて現実を肯定することもできよう。

ただし、それは「無常無我」の世界を達観して、無条件で現実を肯定することではない。即非律の真理の光を見た者は、それゆえ現実に戻ってゆき、つねに自己変革および社会の変革と蘇生に努めなければならない。報恩とは、このような超越と内在の往還である。仏教でいう「従仮入空」と同時に「従空入仮」は、このような実践の思想である。

一切は移ろい変化し、したがって固定した実体はない。仏教では、このことを「空諦《くうたい》」という。しかしこの限りなく変化する世界を、仮に固定した世界として捉えなければ、われわれの生活が成り立たない。にもかかわらず、この日常の現実世界は、仮に固定させて理解した世界であるゆえ、「仮の世界」であるから、これを「仮諦《けたい》」という。

われわれは仮諦に生きるほかはないが、折に触れて本当の世界である「空諦」を認識することも大切である。仏教は、正しくは「空諦」にも「仮諦」にも偏らずに生活することだと言い、そのような生き方を「中諦」と言う。これが天台の『摩訶止観』の「空《く》仮《け》中《ちゅう》の三諦《さんたい》」の教義である。

社会哲学の本質もここにある。現実から常に目を逸らさず、現実と真摯に取り組むと同時に、現実の背後の真理を見つめる努力を怠らないことが、その第一歩であり終着点でもある。

第2章　人間および歴史をめぐる社会哲学

1　思考の三つのパターン

信仰と理性

思想をもつということ、それゆえに歴史をもつということが、人間と他の動物とを区別する最大のメルクマールである。古今東西の人間の思考の跡を見ると、実に多称な考え方がみてとれる。けれどもそれらは、いずれも究極的に唯一の焦点に収斂し、同時にそこから発していると言える。この唯一の点とは、思想の前提たる「人間の理性」をどのように考えるかという、この点である。

中世社会では、ギリシャの思想が知られたとき、キリスト信仰とギリシャ哲学とをいかに調和させるかという問題が生じた。つまり人間の理性と、信仰もしくは神との関係をどのように考えていくか、ということである。

その第一は神を理性の上位に置くところのキリスト教正統派の考え方、第二は理性を神の上位に置く自然主義（アヴェロエス主義）の立場である。そして第三は神と理性の合一という神秘主義の考え方、つまり啓示の神と理性とは、唯一の神性の異なった二面にすぎず、それらはいずれも経験において感知し得るという立場である。これらがスコラ哲学の根本問題であった。

しかしそれはスコラ哲学だけの問題ではなく、思想史全体を貫く根本問題にほかならない。ギリシャ・ローマ世界でも、すでにこの三つの思想範疇があったし、東洋世界の思想もこうした範疇を基準にして捉えられる。たとえばインドの仏教哲学は、キリスト教的神ではないにせよ、神と人間理性の合一の立場に、中国の儒教はむしろ理性優先の立場に根ざすと言えよう。

理性の凱歌と疑問

このように、人間の理性と神との関係が思想の根本問題である。しかし中世やギリシャの世界では、これらの立場は基本的に和解し得た。それは何らかの形で、理性（正しくはratio悟性）で捉えられない神を承認することによって、人間の理性を相対化していたからである。

人間は神のために存在し、自然は人間のために存在する。人間はこの神と自然との中間にあって、「悟性（ratio）」により自然を知り、「理性（intellectus）」により神を認識する。これが中世の世界観であった。中世の努力はこのように、神と人間と自然の階層的目的論的秩序をいかに調和させるかということであった。したがって先の思想の根本問題も、中世の世界では根本的なところで統合されていた。

同様にギリシャ世界でも、これまたその自然観ゆえに、三つの立場は基本的に合一していた。ギリシャにおける「自然（ピュシス）」の概念は、イオニア的伝統であれ、イタリア的伝統であれ、それは自らのうちに神や人間をも包み込んだ一つの全体的包括者であった。だから自然も神も人間の親しい仲間であり、それらは内的に直接共感し直感し理解され得る。ここでは人間もしくは悟性が神と分離し、もしくは対立することはあり得ない。

だが近代になると、一七世紀以来の自然科学の著しい成果ゆえに、神が背後に追いやられ、科学的つまり悟性的認識が全面に出てきた。人間理性は神と敵対し、己れの優位を宣言した。そしてこれが、たしかに物的繁栄をもたらした。しかし、はたしてそれで人間は幸福になり得るのか。全てを人間の理性に委ねれば良いのか。近代の思想はまさにこの点をめぐって展開されてきた。

これが先の「信仰と理性」で述べた三つの立場の相克にほかならない。これらはそれぞれ、カント、マルクス、ヘーゲルに代表されると言えよう。社会哲学は、こうした問題を根本的に考えるということである。

2　「人間と社会」および「思想と体制」

錯覚の繰り返し

われわれは幾つかの古典を垣間見て、その深くて遠い世界に恐れおののくと同時に、かろうじて真理の光に触れた気にもなれる。それは錯覚であろうが、しかしわれわれは、この錯覚を何度も繰り返してゆく以外にやりようがない。

それゆえ「何をなすべきか」について日々考え続ける。けれどもおよそこの「謙虚さ」と「喜び」

ほど、失われがちなものはないが、それも無理もない。どんな社会にせよ、そこには血みどろの生活があって、ともすれば真理の光と無関係な世界が広がっているように思えるからだ。

だがしかし、そうであればあるほど、光を見たいのが自然の感情である。またそうした中からのみ「心底から酔える錯覚」に陥ることもできよう。たぐい稀な人間、思想家や哲学者も、この暗闇の中から真理の光を見たはずである。そうでなかったら彼は再び洞窟へ引き返して、光をそこへ持ち帰ろうとするはずがない。そればかりか実は洞窟があるからこそ、陽を認識することができたのであろう。光ばかりであったら、光を認識することはできない。

まさしく「至るところにあるが何処にもない」としか言いようのないこの光を、日々の暮らしの中で求め続けること、それが人の掟でもあり、自然の姿である。

潜伏する新原理

社会の形態ないし体制は、本来あらゆる可能性を秘めた、このような人間の喜怒哀楽の総結晶にほかならない。それゆえ人類の歴史には無数の社会体制がある。それらのうち、とくに近代以降は、身分と職分の枠組みから解放されて「不安を抱いていた市民の希望と憧憬の結晶」としての自由主義体制と、「ルサンチマンと希望の昇華」としての社会主義体制が生まれた。こうしたことから分かるように、社会体制は人間の決断と選択の結果であり、不断に再編成されてゆく。

しかも、それは無法則に形成され変容するものではない。社会形成の歴史をひも解くと、新しい社会への転換点となる新原理が、すでに古い社会原理の中に潜伏していることが分かる。あるいは相互に異なる体制が、やがてそれぞれ互いに他の体制原理を要請しあう場合もある。

社会哲学の考究も、先に触れた人間の自然の姿と、この新しき原理の二つに向けられている。両者は決して切り離すわけにはゆかない。

3　「いのち」と「生活」および「存在」と「思考」

運命愛

ゲーテの五連四十行詩「(Urworte、Orpisch（始原の言葉オルペウス風に）」は、彼の最晩年の思想を表しているという。この詩の中でダイモーン（δάιμων）、偶然（テュケー τύχη）、エロース（ἔρως）、必然（アナンケー ἀνάγκη）、希望（エールピス ηλπις）の五つのギリシャ語をあげている。

われわれは生きようという霊的な力の「ダイモーン」に突き動かされて、自分の思いどおりに生きようとするが、「偶然」により意に反する運命に翻弄される。しかしその運命を愛し引き受け、雄雄しくこれに立ち向かうことにより、運命を「必然」としうる。運命は必然として愛すべきである。誰でも生きているかぎり「希望」を捨てることが出来ないから、この「運命愛（amor fati）」が可能だという。

ゲーテはこのように人間の生の本質について、ニーチェの「力への意志（Wille zur Macht）」もしくはシェリングの「原始意欲、盲目的な意志（Urwille, blinder Wille）」と同様に説き、さらにニーチェの

「永劫回帰」や「超人（der Übermensch）」に繋がる思想を語っている。

科学・哲学・宗教

たしかに誰でもダイモーンに突き動かされて「より良い生」を望むが、それは無手勝流では叶わない。できるだけ多くの「因果必然のあり方」を「科学」的思考により知り、知りえた必然の経路のうち、自分にとって望ましく、かつ可能な経路を選択しなければならない。ここに「自由」の余地がある。

しかし、この選択は「価値判断」を前提にして、はじめて可能となる。しかも価値判断は、科学によっては成立しえない。それは、現象の背後にある意味を考える「哲学」的思考によってのみ成立する。科学は価値の実現可能性や、実現した場合の影響について因果論的に客観的に考察することはできても、価値そのものを導くことはできない。

ところが科学および哲学にもとづくこの目論見は、しばしば「偶然」によって覆される。選択のときには思いもよらなかった事態が、しばしば後から偶然に生じ、われわれの意図を挫折させる。したがって、この挫折から立ち直り、再び希望に向かうには、何かが不可欠である。ゲーテの言うとおり、たしかに誰でも生きているかぎり「希望」を捨てることはできないが、苦しみを希望へと繋ぐ何かが必要であろう。それは「心の癒し」である。これは「宗教」など、より一般的には「形而上的な思考」から生まれる「目に見えないもの」に対する「帰依」であり、そこから生じる「自己」に対する「言頼」である。

自分が〝いま、ここで〟逃れようがない一回かぎりの生を続けている。この生をさかのぼれば、両親に、祖父母にと、究極的にはスピノザの「能産的自然」やギリシャの「ピュシス」さらには「神」にまでたどり着く。そのような歴史的な世界の一員として、この命を全うせざるを得ないことを思う。

二つの世界

ギリシャのパルメニデスは、「存在は存在する」といい、また「存在と思考の一致」を説いた。一切を包含する「永遠普遍な世界」が真理であり、そのような世界が確実に存在する。人間は、こうした「存在」を思考し、これを受け容れるほかに生きることができない。なぜなら、人間をはじめ一切の現象は、生成消滅し翩々きわまりないから、その背後には、これら「一切を包摂する世界」であるところの「普遍的な存在」が在るはずだと考える。

このようなパルメニデスの思想に対して、ヘラクレイトスは「万物流転」を説いた。この世の一切は生成流転し消滅するというが、これも逆説的に普遍の存在を説いている。

一切の現象は、「普遍的なロゴス（世界理性）」ではないから、流転するほかはない。ところが人間は理性の分け前にあずかっているので、これを使って、この流転から逃れようとするが、それは無駄なばかりか、これによって破滅する。それが人間の宿命だという。

ヘラクレイトスのもう一つの言葉の「人間の本性がダイモーンであり、宿命だ」と「万物流転」とを合わせると、このような解釈となる。要するに、古代ギリシャ以来西欧の思想は、このような「生成消滅する現象界」と「永遠普遍な世界」の「二世界観」であった。

そして後者は、古代のデミュウルゴス（創造主）やピュシス、ストアの世界理性（ロゴス）、プラトンのイデア、キリスト教の神であり、これに絶対的な価値を見てきた。近代になってもこの「二世界観」は、スピノザの個々の自然を産出する「能産的自然（natura naturans）」と、産出された自然の「所産的自然（natura naturata）」に受け継がれている。

西欧の宗教（religion）は、これら二つの分かれた世界を、再び結合させるところの「再結（re-ligio）」に由来する。ところが近代の科学主義は、このような二世界論を否定した。

世界像とその翳り

ハイデガーは、この点に関連して、近代は人間がはじめて主体（Subjekt）となった時代であり、この主体となった人間が「近代的世界像（neuzeitliches Weltbild）」を創り、「世界像の時代」としたという。

ここで世界とは宇宙、自然、社会、歴史など存在するモノ全てをひっくるめた「世界」であり、先のパルメニデスの「存在」である。また主体とは、人間がこの意味における世界を理解できるとして、これを理解し、それを表象するという意味における主体である。

ただしこの世界に対する理解は、人間が世界を捉えるための思考枠組みを設定し、その内で世界を理解し、その理解が正しいとして表象する。つまり世界を「像」として捉えている。

このような「世界の把握」と「人間観」は、たしかに近代特有の考え方であり、ここから近代の科学主義とその弊害が生じていると言えよう。

ハイデガーによると、古代にも中世にも「世界像」はなかった。古代ギリシャにおいては、あらゆる存在を、人間がありのままに受け容れたが、この受け容れこそが「思考」にほかならなかった。それゆえパルメニデスは「思考と存在は同一である」という命題を立てた。これが、ハイデガーによるパルメニデス解釈である。

また中世においては、存在するモノすべては、究極因としての「創造神」から創られた被造物(ens creatum)である。そしてわれわれが神を完全に理解できないと同様に、人間はこれら存在を完全に理解できないと考えられていた。

なぜなら、すべての被造物は創造因である神とは絶対的に違うが、同時に神に対応し、つまり神のアナロジーとして、神との「存在の類比（アナロギア・エンティス analogia entis）」として存在するからである。われわれが無限である神を完全に理解できないゆえ、そのアナロギア・エンティスとしての世界をも完全に理解できないと考えられていた。

したがってハイデガーの言うとおり、中世にも「世界像」はなかった。ところが近代は、人間の悟性（ratio）により、世界を完全に捉えることができるとして、「世界像の時代」を展開した。ハイデガーによると、人間は世界を経験でき、しかも世界を計量できる像として理解するが、ここに科学と科学技術は直線的に進むという。

ハイデガーは、これこそが近代の根本的な特質だと捉えて、それを批判した。つまりこのような近代においては、「計量しえないモノ」が「見えない影」となって近代全体を覆うと警告している。

とくに世界像ゆえに「近代科学技術」が「主体」となって、人間を技術の論理によって追い立て、発明に駆り立てると警告する。ひとたび人間が科学技術を開発すると、人間は、その技術の論理を無限に追求させられる羽目となるということである。

ハイデガーのいう「見えない影」は、これを包括的に見れば、自然の破壊、地域共同体の破壊、精神と文化の破壊の「近代文明の三つの破壊」と言える。これがまた、人間をしてゾムバルトの言うところの「人間離脱病」を蔓延させている。

価値の転倒と超人

ニーチェは、西欧社会が先の二世界のうち「普遍的な真理の世界」を強調して、「生々流転し消滅する世界」の価値を貶めてきたが、これは「ニヒリズム」だと批判した。そして逆に前者を否定し、後者の重要性を主張し、これに立ち向かう「力への意志（Wille zur Machat）」を説いた。これが「価値の転倒」もしくは「積極的なニヒリズム」にほかならない。ただし力への意志は「永劫回帰」という普遍へ向い、「超人」として何度でも「宿命に」立ち向う。これは、最初に触れたゲーテの思想と通底している。

各人は価値を設定し、それを評価基準として、より高く目標を掲げ、これを制覇する。すると、さらに高い価値を設定し目標を立て、これを制覇する。この無限のプロセスが「力への意志」であるが、この制覇は、現在の自分を「脱自」し、自分の内部にいっそう深く入っていくことの「繰り返し」である。したがって何度でも「宿命」に立ち向かい、自己の内部に向かう「脱自」を繰り返す。

人間は、このような「超人」として、積極的ニヒリズムに生きるほかはない。それはなぜか。

宇宙、自然、社会、歴史など存在するモノすべてをひっくるめた「世界」が、気の遠くなるような永遠の歴史の中で、同一の繰り返しの「同一物の永劫回帰」を続けてきた。そして、このような世界である「存在」と、その中に存在する個別体である「存在者」とは、相互に関係しあう。それゆえ、その中に生きるわれわれも「永劫回帰」する存在者であるほかはない。

ニーチェはこのように捉えながらも、「存在の永劫回帰」は、いわば「絶対無」であるから無価値だという。したがってニーチェは「存在の価値」を否定し、他方で個別的な「存在者の価値」を主張するところの「価値の転倒」および「ニヒリズム」を説いた。

しかし存在は「無価値」ゆえに、存在者に対して「力への意志」を促す。われわれは存在の絶対無を意識したとき、自己の自律と、精一杯の生を貫くという自覚と決断に立つことができる。それこそが「存在の価値」、いわば「無価値の価値」である。これが、ニーチェの主張であろう。

無限の希求と自己主張および世界の分節化

ハイデガーの主張の根底やニーチェの力への意志は、シェリングの思想を批判的に継承していると思われる。シェリングは自然が「無限志向性」と「分節志向性」を持つと言う。そして無限志向性ゆえに「自然の命」は永遠となり、分節志向性が、それを分節して、個々の自然現象を生成消滅させると言う。さらに、これらの二つ志向性が「人間の精神」に流れ込んでいると主張した。

このシェリングの概念を援用すると、人類は生々流転する世界の中に立ち、精神の「無限的志向性」により「普遍的な世界」との結合を思念し希求する。ここに「哲学」と「宗教」が展開される。しかし他方でわれわれは「分節的志向性」によって、世界から自律する「自己」を主張し、普遍的世界を悟性によって明晰かつ判明に分断する。ここに人間が世界の「主体」となり、「科学」と「世界像」を創った。したがって、この主体は科学技術を発展させ、一切を支配しようと努力し続けているが、いつの間にか科学技術の奴隷となってしまった。果たして人類は、この「隷従への道」を断つことができるだろうか。

直感と愛の飛翔

ベルクソンの「エラン・ヴィタル（Élan vital 生の飛翔）」は、すべての生命の根源にある生命、あらゆる個体的生命を生み出す「普遍的生命の飛翔」をいう。それは植物、動物、人間すべてに通ずる「共通の生命の飛翔」であり、これこそが発展だと言う。

この発展のためには、われわれの直観、科学的な分析的悟性判断に囚われない直観、普遍的な生命の内奥にじかに入り込む直観、「外側からの悟性による認識」でなく「内奥からの直観による認識」が重要だと言う。

ベルクソンによると、とくに「天才的人間」はこのような直観により「知性の限界」すなわち「悟性による認識」を突破する。しかしこのエラン・ヴィタルには、天才に頼るという限界があり、一般的には科学主義的な思考に流れる「知性の限界」を突破できない。

他方でベルクソンは「エラン・ダムール（Élan d'mour 愛の飛翔）」をも主張する。われわれは民族や国家その他の集団的な「地域共同体」の閉じられた社会に生活し，真の「エラン・ヴィタル（生の飛翔）」に到達しがたい。このような集団的限界を突破するためには，集団的な連帯や愛を超えた「全人類的な愛による創造」をめざすところの「エラン・ダムール」が大切であると言う。

これにより「エラン・ヴィタル」の障害となっている「知性の限界」をも突破できる。これは，いわば普遍的な宗教ともいえる「愛の飛翔」にほかならないが，実際に多くの人々が国境を越えるボランティアとして，これを実践している。決定的な危機に瀕している人類は，いまや緊急避難として，知性の恩恵を「エラン・ダムール」で包み込み，さらに「エラン・ヴィタル」に挑戦している。

このように古典を通して，今日のさまざまなボランティア活動の位置づけと意味を考察することも，大切なテーマとなった。

4　「為し」て「成る」ところの「在る」がままの存在

本質の未来

自覚的意識的に行為することが，人間の本質的特性の一つとしてあげられる。だが行為するとは，いかなることか。われわれは行為によって何かを創造し得るだろうか。

ハイデガーは行為の本質を，仕上げること(vollbringen)であると捉えた。それは行為の対象を，そのものの本質へと導くことの意である。つまり対象をその本来あるべき姿へと落ち着かせ，その落ち着きの中で、行為者は充実感を味わうことができる。たとえば真の画家は、絵画をそのものの本質へ導くことによって、たとえこれが直ちには世の中に受け入れられなくとも、画家として芸術的満足感に浸ることができる。

ではそのものの本質とは何か。これを具体的に定義し、また、これを創りだすことができるのか。ラテン語の生み出す(producere)という語は、pro(前へ)—ducere(導く)という意味である。つまり生産するとは、そのものの本質へ前進させることであり、本質へと仕上げることである。したがってここでも本質を創造することはできない。創造は神だけのものである。われわれの行為はつねに、本来あるものへ、すなわちそのものの本質へと導くだけである。ハイデガーはそれゆえ、行為とは「本質の未来(Wesenszukunft)」だと主張する。それは行為の対象が、本来ある本質へと立ち返ることの意であろう。

脱自的存在

ハイデガーが人間の本質を「脱自—存在(Ex—sistenz)」と捉えるのは、まさにこのように、われわれも人間存在の本質へ立ち返る存在だというところに、光をあてたからである。自分の存在そのものから抜け出て存在の真理へ、すなわち元々あるところの真理の中にたち還ろうとする存在が人間である。

したがって、これと幾分か異なった意味ではあるが、他の哲学者も、たとえば「存在の一者」(プロティノス)とか「同一なものの永劫回帰」(ニーチェ)とか「絶対精神の実現」(ヘーゲル)として人間や世界を表現している。

ただし自分の存在から抜け出るとは、現実の自分を否定することではない。逆に現実の自分を通してのみ、「脱自―存在」たりうる。現実の自分がそれ自身で、すでに存在の真理とかかわっているからこそ、現に実在し得るのである。存在の真理と無関係に実在するものはなにもない。

われわれは存在の真理に関わりながら実在(exsistentia)し、実在の中で存在の真理に限りなく接近しようとする。それゆえ「人間とは為すところのものであるがゆえに、成るところのものである。それゆえに在るところのものである」あるいは「在るがゆえに為す。それゆえ成るところのものだ」と言ってもよい。いずれにせよ同時的に「為す・成る・在る」としてのみ実在する存在が、人間である。

古典を学び社会哲学を考究することは、この存在の真理とのかかわりを自覚し、その意味を追求することにほかならない。この視点で第二次世界大戦後の世界を振り返ってみると、一九六〇年代は激動の時代、七〇年代が崩壊の時であり、それまでの多くの価値観と制度が崩れた。そして八〇年代以降は「文明の転生の時代」、新たな文明に生まれ変わる時代であり、あの光を見つめなおす秋《とき》となった。

5　理（ことわり）と情（なさけ）

歴史的視点と認識

ハイデガーの『存在と時間』を、道元の『正法眼蔵』の「有時」を援用して、『有と時』と訳した本があるが、果たしてこれは適訳だろうか。

江戸時代の武士が覚悟していた「死」は、現代人の思う「死」とは、かなり異なる。また日本人は「虫の声」をしみじみと聴くが、西欧人はこれを「虫の音」として、機械の音と同様に聞くという。これらの違いは、いずれも時代や地域によって、人々の世界観や物事を見聞きする「視点」が異なるからだ。

ハイデガーの「存在」は、この「視点」のことであり、これがすべての現象に先立っているという。視点がなければ、どんな現象も存在物も、一定の現象や存在物として捉えられない。それゆえ、このことを自覚することが大切だということである。

さらに「時間」とは、我々がこの視点を自覚し深まっていくプロセス、そこにまで熟していく「時熟」の時間である。また視点も個人的な視点ではなく、その時代と地域に共通な「視点」であり、従って「時間」は「歴史的時間」でもある。こうした自覚が、ハイデガーの「存在がやってくる」であり、「存在と時間」にほかならない。

山に登っている時の山は、以前に地上から美しいと眺めた山ではない。物理的には同じ山であっても、いま登っている山は、単に眺めた山と意味が違う。そのように全ての現象や存在物は、認識する者の行為とともにあり、「行為の時」と切り離せない。それゆえ全ての「存在（物）」は、「ただ今、この時の一回かぎりの存在」であるゆえ、存在はこの一瞬の時とともにある。それゆえ「存在」は「時間」だと言える。

道元の「有時」はこのことを意味している。全ての存在が「有」であり、それは「時間」である。その時の存在であり時間であり、代替し得ない「一回かぎり」の「存在」であり「時間」である。それゆえ道元は「ただ今、現在」に浸り切る「三昧」の大切さを主張し、「有時而今《うじのにこん》」を説いた。何のためにとか、悟りを得ようとか考えずに、ひたすら座禅をする「只管打坐」の教えである。これは「大自然に生かされて生きている本来の自己の姿」に浸りきるところの、「自受用三昧《じじゅゆうざんまい》」の実修実証にほかならない。

同様に夏の炎天下に老人が、ひたすらに茸を乾す。陽が落ちて涼しくなってから、あるいは誰か若い者にやってもらうなどと考えずに、茸乾し三昧の「只管乾茸」である。これも同様に、何事につけても「瞬間々々三昧」であれとの教えである。

hic et nunc と三昧

道元の「有時」は、したがってハイデガーの「存在と時間」ではなく、敢えて言えばアウグスティヌスの「hic et nunc」(here and now)に近い。アウグスティヌスは、過去は「想い出の今」、将来は「希望の今」であり、過去も将来も「いま」に収斂している。それゆえ「ここで今」を精一杯生きることを説いた。

またニーチェも「力への意志(Wille zur Macht)」を説くが、この力は何かのための力ではない。いま何かに打ち込んでいる力であり、いわば「力のための力」である。意志も何かのための意志ではなく、いま遂行している意志、いわば「意志のための意志」である。したがって「力への意志」は、ただいま現在の行為に、無邪気な子供のように浸りきることであり、それは「三昧」といっても良いであろう。

周知のとおり「ツァラトゥストラ」の「精神の三つの変化」は、第一がラクダのように従順で、第二に獅子のように果敢に欲望を追求し、第三段階では無邪気な子供のように、行為に無心に溶け込み、いわば「三昧」となる。

愁いの力

道元の三昧は、しかし厳しい修行を要求する。弟子の懐奘(えじょう)が、危篤状態に陥った母親を、看取りに行くことを許さなかった。「修行をさしおいて、看病をさきとすべきではない」といい、それは「妄愛迷情の悦び」に過ぎないという。なぜ道元はこれほどまでに厳しいのか。

道元は三歳で父親を、八歳で母親を亡くし、一四歳で比叡山に入ったが、四年で下山して臨済宗の建仁寺に入り、明全《みょうぜん》に師事した。そして二人は宋へ渡る機会を得たが、明全の師が重病に伏したゆえ、明全の入宋を延期するように頼み込まれた。

これに対して明全は「入宋を中止しても命が伸びる訳でもない。一人のために尊い時間をむなしく過ごすことは仏意にかなわない。入宋し悟りを開けば、多くの人が道を得る縁となる」と言い放った。道元はこれに感動したという。

ところで道元の「閑居之時」の漢詩（偈《げ》）に「愁人莫愁人道　向道愁人愁殺人」（愁人は、愁人に向かって道《い》うことなかれ　愁人に向かって道《い》えば人を愁殺す）とある。愁いある人に向かって愁いある人が説けば、いっそう愁いが増し耐え難くなるということであろう。

確かにそうした事実もある。しかし病んだことのない人に、病気の苦しさは分からない。愁いのない人は、他人の愁いをなかなか理解できない。悲しみ苦しんでいる者どうしが、慰みあい涙も涸れて、一切が明らかとなり、明らめ（諦め）られる。

そればかりか「犯罪被害者の会」や「交通事故遺族の会」などをはじめ、多くの悲しみを共通にする「自助グループ」が、世直しのボランティアにも出立している。これこそ「愁いの力」にほかならない。

道元のように「理」の立場にたち、厳しい自己抑制と修行も大切であるが、他方で人間の「情」も大衆救済の力を持つ。したがって道元も『正法眼蔵』において「愛語回天」も説く。

いわく「面と向かって愛語（優しい言葉）を聞けば、気持ちがなごみ、人づてに愛語を聞けば、肝に銘じ魂に銘じる。愛語は愛心から生まれ、愛心は慈悲の心から生まれる。愛語には革命にもちかい大きな力があることを学ぶべし」と。

このように見てくると、漱石の『草枕』の冒頭の一説「智に働けば角が立つ。情に棹させば流される。意地を通せば窮屈だ。とかくに人の世は住みにくい」が偲ばれる。この文章は、実に軽妙に心理と真理をついているが、本当に重い内容である。

古典を学ぶことにより、この「理」もしくは「智」と「情」との按配を深慮できるようになれればと思う。

6　対立者の一致と歴史認識

悟性的認識と対立

四角形は衝突しあう四つの辺からなっているが、これを五角形、六角形、七角形という具合に無限に辺を増やしていくと、やがて円にちかづく。そして最終的には角はなくなり、辺の境界は消え、すべての対立がなくなる。

古代末以来ヨーロッパではこれと同じように、この世界の最終的根拠すなわち神の中にあっては、すべての対立が消え、世界は一つとなっていると考えられてきた。合致"coincidentia"とは、本来このような「存在論的原理(ontologisches Prinzip)」であり、そこからニコラウス・クザーヌス（Cusanus）の「対立者の一致（coincidentia oppositorum）こそが真理」だという主張が生まれた。

ただし彼は、このような伝統的な存在論から、さらに認識論的な考察へ進んだ。クザーヌスによるとわれわれの認識が、つまり悟性的判断が無数の規則を定立し、きわめて多くの概念を設定し、事物を対立させる。しかしこれらはすべて、一切の根拠たる「理性」が展開された結果にほかならない。この究極の理性においては、すべての対立は止揚されている。無限の一者たる理性が、一切に精神をあたえ、一切を形作り、すべてを満たすが、われわれの悟性的判断は、これらを個別的に認識し、それゆえ相互に対立させて捉えるという。

さてこのような認識論的な「理性」の把握こそが、近代哲学の出発点となった。カントの批判は、まさしくこうした「理性」に根ざしていたし、ヘーゲルの「絶対精神」や「矛盾止揚の弁証法」も同じである。あるいはフィヒテ、シェリング、シュライエルマッハー（F. Schleiermacher）等の「純粋な私」とか「個としての私」や、これと「世界（universum）の無限性との一致」の哲学など、いずれもこのような「理性」を出発点としている。

言うまでもなく人間の共同生活が存続してゆくためには、経済も政治も法律も、また道徳や宗教も欠かせない。これらが一体となって社会が維持されている。しかしこのような世界に対して、悟性的判断を働かすと、これらを部分的個別的に取り出し、それらを対立的に認識する。

これらのうちで特に経済と政治（政策）をみると、経済においては効率を最も重視すべきであるから、「交換の正義」――能力に応じて働き、働きに応じて受け取る――に基づいた「自由競争」が重要だと考える。これに対して、どんな人でも人間らしく生きてゆけるようにすることが政治の要諦であるから、政治においては「分配の正義」――能力に応じて働き、必要に応じて受け取る――に基づいた平等やそのための自由の規制こそが最重要と考える。

こうしてわれわれの悟性は、経済と政治を相互対立的と捉えた。それゆえに近代においては、一方で経済の論理を主眼とした「自由主義経済体制」が理想とされ、他方で政治の論理を主眼とした「社会主義（共産主義）体制」が理想とされた。

真理の現出

自由主義経済体制と社会主義体制のこれまでの歩みは、しかしの前者の混合経済体制化と後者の市場的な経済改革により、両体制が原理的に収斂する方向で推移してきた。まさしく〝coincidentia oppositorum〟の真理が、歴史の展開と共に顕れたと言えよう。

このような真理や歴史の方向性に関する認識をもたず、これに反する無理を押し通したらどうなるか。

フリードマンやハイエク等の思想は、このような歴史認識に欠ける典型的な例であるが、レーガン、サッチャー、中曽根政権はこの思想に少なからず影響された。それゆえ産業規制の解除や福祉の削減あるいは「民活」や、貿易と国際金融の無制限な自由などの政策を導入した。これらの結果はどうか。アメリカではレーガンの〝強いアメリカの復活〟の目的に反して、財政赤字と貿易赤字が昂進して、アメリカは巨大借金国家に転落した。イギリスでは伝統的な福祉国家に反して、社会的弱者の困窮化が進んでいる。

では日本はというと、土地と株価の暴騰である。これらの暴騰がリクルート事件を生んだ。この疑惑は政界財界マスコミ界を席巻して従来にない広がりを見せたが、その根本原因は、以上より明らかな通り、誤った思想と歴史認識の欠如にある。この点にほとんどの人は、まだ気付いていない。それゆえたとえばマスコミも、リクルート事件を批判したが、他方で依然として産業規制の緩和や金融の自由化を叫んでいる。

たしかに福祉の行き過ぎや、行政の非能率的な肥大化は問題であるから、これを是正することは必要である。しかしそれは、かつての「自由主義経済社会」に戻るべきだということではない。両者を混同して、ひたすら「交換の正義」に基づく効率を追求したのが、レーガン、サッチャー、中曽根の政権であり、そして小泉政権であった。その結果、社会の不公平が助長されるばかりでなく、経済自体もきわめて不健全なものとなり、カジノ経済の温床さえ作られてしまった。真理と歴史を認識しないことが、いかに大きな誤りを犯すかは、ここに明白である。

社会哲学の考究は、このような現実の出来事を、真理の本質にまで掘り下げて理解する精神を鍛える。そのためには世の中の全ての動きを、常に真剣に見つめ続けることも不可欠である。

7　近代国家の解剖

近代国家と地域融和

ソ連・東欧ではハプスブルグ、オスマン、ロシアなどの帝国支配およびスターリン支配によって、国民国家を形成する機会が奪われてきたから、この地域ではエスニック・グループの対立が解消していない。今日のこれらの民族対立の根本的背景は、ここにあると言えよう。

同様にアジア・アフリカでも部族対立が続いているが、これは、ここを植民地支配した宗主国が、部族対立を利用して統治していたからである。第二次世界大戦後のＡＡ諸国では諸部族が協力して脱植民地化をはかり、一応は国家を形成している。しかし宗主国という共通の敵がいなくなるや、再び部族対立が激化してきた。国内の部族間融和は、未だ不十分だ。

ところで日本の盆と暮の故郷への大移動や、あるいは中国および韓国の同様な移動を見るにつけ、誰もが無意識にせよ、自分がもっとも安らげる地域や景色や言葉や情緒の下へ帰還すると解釈できよう。

とくに日本の場合、このような様々な具体的な故郷は、抽象的に「日本のふるさと」として表現され、日本全国共通な故郷観に包摂される。これは明治国家の政策により、具体的な故郷に対する意識が、同時に日本国に対する意識となるように工夫されたことに負うところも大きい。

たとえば国定教科書や唱歌では、具体的な〝名所〟に替えて、日本の一般的な「桜や霞」「赤とんぼ」「夕空と秋風」「吾は海の子」そして「いかにおわす父母」などの詩を選んだ。これは近代国家による地域融和策であり、たとえば会津と薩摩の対立を超える国民の連帯意識の形成であるが、このような融和策は、ドイツやフランスその他どの近代国家でも同じであった。

さらに地域融和策は、同時にエスニック集団――必ずしも生物学的な意味ばかりではなく、一定の生活習慣グループほどの広い意味――間の融和策でもあり、これによって国民共同体が形成される。

個々の故郷は、国民共同体という大きな場を共通分母とするようになって、いわゆるエスニック問題が解消する。

今日のエスニック紛争は、この近代国家のプロセスを経ていない地域で生じており、したがってこれは歴史的発展段階の一過程とも考えられよう。

さて具体的な故郷の共通分母である国民共同体は、幾つかの具体的な「ふるさと」が抽象的にイメージの中で組み込まれて構成されるところの、より大きな〝ふるさと〟である。近代国家は制度であり、ゲゼルシャフトであるが、その背後にある「国民共同体」は、このような抽象的な故郷にほかならない。しかも言うまでもなく抽象的空間の「国民共同体」の形成は、単に近代国家の政策だけによるものではない。そのような政策が有効となるためには、近代国家の形成に先行して、個々の故郷に通底する情緒的・宗教的・地理的・歴史的空間つまり「同質的な時空の広がり」が不可欠である。

近代国家はこのような空間に働きかけ、人々にこの同質性をより強く意識させ、国民共同体を強固にする。それゆえ国民共同体は決して、無限に拡大しうるものではなく、情緒的、地理的、歴史的な限界が附されている。共同体はつねに再結成され、変容し、拡張も縮小さえもする空間ではあるが、そこには〝同質性の限界〟がある。

普遍的共同体と理論理性の徹底

難波田の「共同体論」から「相互律」への探求は、こうした共同体の特徴と限界に焦点を当てたものと思われる。近代国家の様々な政策や制度はもとより、近代社会のあり方一般が、国民共同体に自覚的に支えられるべきものであり、それに拠ってはじめて皆が安心できる国家となると主張された。しかも共同体の時空的同質性は、多分に国民の感情の中に溶け込んでいるから、難波田春夫は共同体の情緒性を経済や社会のあり方と同程度か、あるいはそれ以上に重視した。

しかしこれだけでは限界があり、国粋主義に陥りやすい。それを克服するためには、国民共同体の本質を理論的に突き詰め、すべての共同体に共通な普遍的原理を捉えなければならない。こうした把握が、第一に国民共同体の情緒性を理論的に克服し、第二に時空的同質性を重視しながら、これを内包するいっそう大きな「普遍的共同体」への指向性をうむ。

難波田は「相互律」を、このような普遍的原理として提示したと解釈し得よう。なぜなら相互律は「啓示の理性」によってではなく、「理論理性」によって到達し得る究極の原理だからである。同時にこれは、感情をも含むわれわれの実践によって、その理解が、より広まり深まる原理にほかならないからである。

近代社会は悟性（理論理性）の判断を絶対視して、マテリアリズムに陥った。その結果、〝自然環境と人間性の喪失〟の様相を深めている。それゆえこの反動として最近は、悟性を軽視する超科学的思考や新興宗教に群がる人々が急増している。しかしこれらの宗教は、必ずしも「啓示の理性」やわれわれの「総合的な判断の理性（intellectus）」を再認識しているわけではない。神の啓示やインテレクトゥスによる認識には、悟性を働かせて徹底的に理論的に分析しつくし、理論を突き抜けることによってのみ、到達し得るであろう。分別に徹することなく、いたずらに〝啓示らしきもの〟に頼ることは危険である。

8　主体性と社会の特殊性および普遍性

試練に立つ主体性論

主体的な思考とか、さらには「主体的に生きる」などと言われる。しかし最近は学問の領域で、しばしば「主体性」についての異議が申し立てられる。

ルーマンの「オート・ポイエーシス」理論は、すべての現象を、システムとこれを取り巻く環境との相互作用で説明するが、ここでは個人の主体性は影が薄い。社会の諸現象は、人間の主体性に拠るというよりは、行為者や事物などの「システム」が、周囲の「環境」と交渉することで、自動的に生まれ変容するという。

他方でハーバーマスやポスト・モダンなどのコミュニケーションを主張する思想では、コミュニケーションを通じて、個人の「主観」から参加者の「相互主観」を導き出すことを重視する。したがって主体性は、コミュニケーションの「相互主観性」を導く限りにおいてのみ重要だと考えられる。

さらに文化社会学や民俗学の立場からは、「主体的な人間」は、近代ヨーロッパ文明が、理想として描きだした人間像にすぎないという。それゆえ、これは世界全体の人類に共通な「普遍的な人間像」ではないと強調する。

フーコー（M. Foucault）の流れを汲むポスト・モダンも、このような文化社会学の見解に与する。これらの思想は、普遍的だといわれる価値観が、暴力的な支配をもたらすことを告発し、社会全体の普遍的なあり方や、普遍的な人間像など、いわゆる「大きな物語」を否定するからである。

加えて言語分析の哲学は、思考は言語によって生じ、これが社会現象の根底であるという。したがって社会現象の根本的な把握は、「言語」の構造分析からなされるはずだと捉え、さらにフッサールによる「意識哲学」のパラダイムを、「主体性」という「隠喩」を使って現象を把握しようとしていると批判する。

さて、たしかに主体性という概念は、近代ヨーロッパの思想に深く根ざしている。しかしこれ以外の地域や時代には、そうした人間の生き方がなかったかと言えば、そうではない。古代においてもギリシャ・ローマあるいはアジアの人々も、主体的に行動し、主体的に生きることを重視した人は、いくらでもいよう。たとえばソクラテスや仏教の修行僧はその最たるものだ。

また現象のすべてが、システムと環境の相互作用だけで説明できるはずもない。また相互主観的なコミュニケーションや言語分析になじまない個人の心の問題もある。さらに自然現象も社会現象も、多くの場合、事物に主体的に係わらないかぎり見えてこない。

にもかかわらず主体的な人間像を、あたかもグローバル・スタンダードのごとく捉え、これを一面的に他人に押し付けたり、主体性の表現が弱いと見える文化を蔑視するなど、主体性の観点からすべてを説明したり評価することには、慎重でなければならない。主体性の表現や現れ方は、人格の相違や風土と文化の相違によって、大きく異なるからである。

このような人間の主体性に関連して、とくに「社会の特殊性と普遍性」に関する視点が展開され、これが、最近の「社会像についての論争」の背景となっている。

個人の権利を重視する自由主義の思想は、「自律した理性的な個人」を前提とし、そうした個人の相互関係を維持する社会こそが、人類が目指すべき共通な社会だと主張する。ロールズ（J. Rawls）の「正義論」はその典型であるが、これを遡ると、カントの「理性的な自律的・主体的な人格」が、全人類にとって「普遍的」だという見解に由来する。

これに対してコミュニタリアンは、たとえばテイラー（C. Taylor）は「共和制的な愛国心」に、ウォルツァー（M. Walzer）は「市民グループ」に、民主主義社会の統合原理を見る。これらは立場が相違するものの、いずれも社会の「伝統や文化および歴史の独自性」を重視する「共同体社会」の強調である。したがって普遍的な理性にもとづく社会の構想ではなく、これは、社会を構成する人々の意識や情緒性など「特殊性」にウエイトを置くコミュニティであり、ヘーゲルの人倫国家に通じる連帯の構想である。

たしかに一方で、人間と社会に関して理性的・自律的人間と、これに対応した社会の普遍性が見られる。しかし他方でわれわれは、人間と社会の個別的な情緒性や特殊性をも軽視できない。いずれも社会の内的実態であり、社会を構成する重要な要素にほかならない。またこれらのいずれを重視するかに関しては、歴史や文明の状況との関係で熟慮すべきである。

もう一つのハーバーマスなどの、コミュニケーション的行為によるコミュニティの形成の主張は、このような社会の内的実態を重視しない。社会の形成や発展プロセスに注目して、むしろプロセスこそが社会の実態だと、社会を動態的に捉える。

だがコミュニケーション的行為は、一方でハーバーマスのいわゆる「生活世界の特殊性」つまり「連帯や情緒性」にもとづいて、「相互主観性」が形成されるプロセスにほかならない。他方でこのプロセスでは、自律的な人格の尊重と理性的な対話という「普遍性」が前提となっている。したがって社会の特殊性と普遍性とが、このプロセスの中で統合されていく。

もっともハーバーマス自身は、そうした「統合の普遍性」を強調するあまり、普遍的なコミュニケーションを重視し、近代西欧理性の普遍性を強調する立場を変えない。ハーバーマスの主張に見られる普遍性は、一つは「理性的なコミュニケーション的行為による社会形成」の普遍性、もうひとつは「社会が発展のプロセスとして動態的」だということの普遍性である。しかしこれらは、いかにも形式的もしくは規範的であり、内容的には何も特定していない。

このように人間や社会をめぐる「普遍性と特殊性」の議論は、さらに一般的な「形式と内容」の問題へと展開してくるが、今はこの問題に立ち入らない。

ここでは「主体性」についての論争と、社会に関する最近の思想を、カント哲学とヘーゲル哲学を手がかりにして、整理し批判検討した。

社会科学の古典や哲学を読むということは、古典を手がかりとして、錯綜している今日の議論や社会状況を整理し、それらの本質を把握することに大きな意義がある。

現実の諸問題を常に発見しながら、同時に古典に日ごろ親しむならば、いつも何事に対しても、バランスの取れた自分なりの見解がもてるようになる。これを経ない決断と政策の結果が、今の日本の苦境にほかならない。

9　技術と人間および社会

技術の両義性

〇九年の「行政刷新会議」における「事業仕分け」で、幾つかの科学技術予算が削除や削減の対象となった。その際に官僚は「なぜ世界一位のスーパーコンピューターが必要か」という問いに対して答えられなかった。同様にこの削減に反対したノーベル賞の受賞者たちも、それに根本的には答えず、科学技術の重要さと、開発競争の激しさだけを語る。ここからは「科学技術を問う」という姿勢は、まったく見られなかった。

ちなみにアメリカの「アポロ計画」は莫大なカネを使った。しかし、その社会への還元は「テフロンのフライパン」と、おもちゃの凧の「グライカイト」にすぎないと言う。

そもそも科学技術とは何か。技術の語源であるギリシャ語の「テクネー（τέχνη）」は、「露見された真理や美」を意味し、したがって技術と芸術の区別がない。他方でハイデガーは、このテクネーを下敷きにして、技術の本質を「集—立（Ge — stell）」と捉える。それは「潜伏している真理」が、人間を「挑発」し、「用立て」のために「自らを収集」させ、そのつど「自らを露にすること」だという。

科学は、このような真理としての「技術の本質」に従属し、決してその逆ではない。すなわち科学が技術を創るのではなく、技術の論理が科学を要請すると主張した。

したがって技術は、一方で真理の本質と関係し、これによって人間をより良く存続させるが、しかし他方でこの挑発の激しさのゆえに、人間に「真理の本質」を見失わせ、人間を破滅させる。このように技術は「両義的」だが、後者はわれわれが技術の本質を洞察することなく、人間が技術を主体的に開発できると錯覚する時に生じるという。

たとえばノーベル賞に輝いた殺虫剤のＤＤＴは、今日では世界中で禁止されている。またアスベストも同様だが、これらも「原発」も、そうした錯覚の結果と言えようか。

アインシュタインの嘆き

アインシュタインがマンハッタン計画により原爆を開発したのは、ヒットラーがチェコのウラン鉱を手に入れたゆえに、先に原爆を開発し「狂人に刃物」となることを恐れたからであった。しかし原爆が広島と長崎に投下されたとき、すでにヒットラーは自殺していた。またナチスも解体していた。アインシュタインはこの投下を聞かされたとき、「oh ……」と呻いた。そして「科学者の原罪」を悟り、「今度生まれるときには絶対に科学者にはならない、行商人か鉛管工になる」と言ったという。

ところで、われわれは自然を物理学などの科学によって、また歴史を歴史学によって知る。しかし自然は物理学によって在るのではない。歴史も歴史学によって存在するのではない。物理学は、独自の方法にしたがって自然を加工し、自然を認識できるようにする。これは、すでに触れたアーサー・

エディントンの『物理学の哲学』が、明確に示している。しかし自然そのもの、あるいは自然全体を認識できるようにしたのではない。歴史学も同様であり、歴史そのものを語ることはできない。ここに科学の、より一般的に学問の本質がある。それゆえ学問においては、絶えず反省が不可欠である。

ゲーテは「自然は賢しらなものを軽蔑し、力に充ちた者、真に純一な者にのみ自らを顕し、その秘密をうち明ける」と述べた。同様にハイデガーは「思索にとっての本来的振る舞いは、問うことではなく、問われるべきものの側から『語りかけてくる』のを聴くことである」と言う。

あの第一位のスーパーコンピューターを創るという主張は、先の技術の両義性のうち、どちらに傾いているか。本来の技術の真理の声を聴くことになるのか。それとも、その挑発に負けて短期的な技術の論理に乗せられ、これが引いた路線の上を、走り続けさせられるのか。ゲーテの「真に純一な者」やハイデガーの「聴く」ことを忘れて、挑発の激しさに身をゆだねてはなるまい。

ひとたび身をゆだねれば、永遠の真理から逸脱した短期的なレールの上を、終着駅まで走らされ破滅に至る。原発事故をはじめ今日の科学技術にともなう危険性や人間疎外は、多分にこうした論理に乗せられたことから生じている。技術が及ぼす影響を、どんなに広くかつ深く検討しても、これで十分だということはない。

社会の合理化と自由の喪失

マックス・ウェーバーは、近代的合理主義が進展すると、一方で各人はできるだけ自由の幅を大きくしようとする。そして自由を手にいれるための資金を、より合理的に追求するために「専門人化」

する。その結果、近代人は「精神なき専門人」「信条なき享楽人」となり「全人性」を失うという。他方で社会は合理的に「機械化」され「官僚制化」される。これらの結果、専門人化した個人は、機械化された社会に、歯車としてはめ込まれて、自由の幅を拡大するどころか、逆に自由を失っていく。これは、逃れようのない「鉄の檻」だと説いた。

またウェルナー・ゾムバルトも、近代人は自由を狭め、同時に文化も低俗となって「文化の乗合馬車」となるという。しかし自由が狭められる理由は、ウェーバーと同じではない。それは、われわれが知りうる理論が多すぎ、これを十分に咀嚼できずに、それらの理論に囚われてしまう。したがって、自由な発想が不可能になるからだという。

他方で文化の退廃に関しては、文化作品の増大により、文化の名に値しない個性なき作品が横行すると説いた。

ところでマックス・ウェーバーの主張した社会の「官僚制化」は、コンピューターやITの発展によって、かつてとは比較にならないほど促進された。したがって自由の喪失もきわめて増大している。たしかにITによって拡大された自由もあるが、他方で企業の従業員も公務員も、官僚制的組織における一組織人として、締め付けが厳しくなっている。また企業は、大型コンピューターの導入により「リエンジニアリング」「リストラ」を強化したゆえ、これによる失業者が、続出している。

ITと自死

ILOの「職場のメンタルヘルスに関するレポート」(二〇〇〇年九月)は、IT導入による「IT

ストレス」に関して、次のように指摘した。

「アメリカでは毎年、生産年齢人口の一〇人に一人がうつ病にかかり、治療に関連した国民支出は三〇〇〜四四〇億ドル。イギリスでは一〇人に三人が精神的な不調を感じている。その他ドイツやフィンランド、ポーランドでも深刻で、EUでは、うつ病対策に毎年、域内GDPの三〜四パーセントが使われている」と。

翻って日本では、こうした政策が採られずにIT化が進んでいるが、これが自殺者の増大につながっている。主として「企業のIT化」と「成果主義賃金の導入」により、企業が「砂粒化」した。それは「コミュニケーションの欠如」「助け合いの欠如」「仕事の個人化」「仕事の義務と権限のあいまい化」などであるが、この「企業の砂粒化」が、従業員の自殺につながっている。

日本の自殺者は男性では一〇万人当たり四〇人で、ロシアとならび世界の中で最悪の記録を続けている。その多くが三〇歳代の「うつ病」の社員、四〇歳代および五〇歳代の「リストラ」された社員である。その他の自殺者と合わせて、日本の自殺者は一三年間も年間三万人を越えている。

この警察の自殺統計は、自殺をはかって二四時間以内に死亡した人数であるが、それが三万人以上であり、二四時間以降に死亡した人数と合わせた全自殺者数で見ると、統計が取れた数だけでも年間五万人以上で、これが一三年間も続いている。

情報の洪水と文化の退廃

ウェルナー・ゾムバルトの指摘した「理論にとらわれる自由の喪失」は、今日ではさらに「情報の洪水による自由の喪失」へと進展した。ITによる情報の洪水は、一方で生活を便利にするが、他方で「付和雷同的人格」を形成する。これとマスコミの喧伝とによって、何事によらず独自の判断が出来ない人格と状況が創られている。これが小泉内閣のような「劇場政治」や「一言スローガン政治」の危険性をもたらした。

またゾムバルトの言う「文化の退廃」は、日常的な低俗なテレビ番組から明らかである。さらに、たとえば「官から民へ」とか「百年に一度」「成長策を出せ」などの画一的な新聞論調も、「乗合馬車的なマスコミ文化」の象徴だ。

そればかりではない。学術論文においても、思索の跡が見えない、IT情報をつなぎ合わせた程度の論文が横行している。これと意義の見えない、きわめて幅の狭い特殊な「専門論文」とが、学術の水準を低下させている。後者の論文は、マックス・ウェーバーの指摘した「精神なき専門人」の象徴にほかならない。

ここでは行政刷新会議の「事業仕分け」に関連して、技術およびITがもたらした状況を分析したが、このように「古典を学ぶ」ことにより、社会現象を古典の視点を参考にして、広く深く考えることが可能となる。あの「鉄の檻」から脱出するためには、そうした思考が不可欠である。

第3章　自然をめぐる社会哲学

1　歴史観と自然の創成

自然による人間史──生態学的自然と機械論的自然

人類はいま地球的、全人類的、文明史的規模の危機である「転換期」を迎えた。したがって近代的な世界観全体の反省がはじまったが、とりわけ歴史認識についても、長期的変動と〝つかの間の高揚〟とを見分けて、長期的に持続する動きを捉えようとする「アナール歴史学」が注目を浴びてきた。

歴史は、人間の自然に対する営みと、人間どうしの営みが相互に関連しあって形成される。したがって「自然に働きかけ、自然に影響される」ところの「人間相互間の営み」という視点から、歴史を捉えることが出来る。それは、人間の営為の背後に、実に長期的な、自然の動きがあるという理解であり、この視点こそが、近代的な人間中心主義の世界観を超克するカギにほかならない。

しかもここで強調される自然は、「機械論的」に理解される自然ではなく、「生態学的」に捉えられた自然全体である。アナール派の総帥フェルナン・ブローデル（F.Braudel）の歴史観も突きつめると、このように要約されるであろう。

近代社会は、人間が自然を支配的に利用するという「人間のための自然史」観に立ってきた。しかし近代を超克するための歴史観は、人間が自然に抱かれ、自然の良きパートナーとなるところの「自然による人間史」観でなければならない。

ではこのような歴史観の下で、人間の主体性についてはどのように考えられるか。生態学的自然観と人間の主体性との関係、しかも歴史的主体性との関係こそが、いま問題なのである。

デカルトは、思惟実体（res cogitans）と延長実体（res extensa）とを区別して、後者の物理的世界だけに唯一の数学的知の真理があり、前者の人間の歴史については真理が存在しないと考えた。自然史と人間史との間を揺れ動く近代的歴史観の変遷も、ここから始まる。こうしてデカルトが人間史を問題にしない、あるいは〝人間抜きの機械論的自然史〟を考えたとすれば、これは形を変えてヒュームに繋がった。

ヒュームは純粋な経験主義の立場から、自然を経験的に捉えるばかりでなく、人間についても、人間の本質である〝human nature〟は不変かつ普遍的なものと考えた。したがって人間も自然と同様に捉えることができ、この意味において歴史は〝人間をも包摂した自然史〟というのがヒュームの立場である。

世界精神と自然および人間

これに対して、ヴィーコ（Giambattista Vico）は、自然は神が創造したものゆえ、人間はこれについて完全な知を得ることはできない。他方で市民の共同体的性格については、それは人間が創ったものであり、われわれが立つ世界であるから「理解」し得ると主張した。すなわち人間の歴史的世界に関してのみ、学問が成立すると説き、人々の具体的な生活の中に真理を探求する立場から、「人間の歴史」を前面に出した。しかも国家や国民をとくに問題にするのではなく、時代とともに変化する生活を問題とし、それゆえに歴史的な考察が重要だと捉えたと言えよう。

このように二元論的に展開されてきた歴史観と学問観を統合する二つの立場の結合こそが、その後の課題であった。カントの三つの批判書も、この課題を意識していたであろうが、しかし両者を繋ぐことに必ずしも成功していない。これに対してヘーゲルは、この課題に対して正面から取り組んでいる。

ヘーゲルによれば自然も人間も変化し、進歩するものであり、それが世界史のプロセスにほかならない。そしてこのプロセスを突き動かしているのが世界史の「絶対精神」もしくは「歴史理性」であり、それは自然と人間の双方の歴史の中に示されているという。このようにヘーゲルは、自然の歴史と人間の歴史とを、精神によって結合した。同時に「時間」の流れを、精神の展開と捉えている。人間も自然もこの精神の展開の媒介物にほかならない。

ヘーゲルのこのような独自の「自然史と人間史および両者の統合」を可能にしているものは、〝質的に満たされた創造的時間〟であり、それは単体の絶えざる一定の運行時間とは異なる。このヘーゲルの時間は、絶対精神に促される「自然と人間の変化や生成」を伴う、その時々の「唯一無二の瞬間」であり、その流れが歴史である。

このような「時間—精神」の把握は、さらに、この〝時間を意識する〟ところの「主体性」を要求し、そうした意識主体こそが本来の「自由の主体」だと捉える。したがってヘーゲルは歴史を、人々のこの自由の認識が進展するプロセス、自由の実現プロセスだと捉えた。またこの自由は共同体全体の自由であり、それゆえヴィーコとは異なって、歴史はとくに国家や国民意識と結合すると考えた。

ヘーゲルはこの意味において「世界史が始まった『東』では、自由すなわち歴史理性を認識しえた者は支配者たった一人であったが、ギリシャ・ローマ世界では若干の者がこの認識を得た。そしてゲルマン世界では、全ての人々がこれを認識して自由となることが出来るが、これで歴史は終焉する」と主張した。

自然の創成

ここでヘーゲルは本来的に、人間を自然に対して優位に置いたのではない。けれどもこのような「精神—歴史—自由」の把握から、ヘーゲルの思想は人間の意識・観念の優位であり、それは「観念論的歴史観」だという、単純な理解が生まれたのも当然であろう。

しかし他方でヘーゲルのこのような歴史観のうち、人間の自由の実現過程という点だけを強調し、同時に超越論的な「精神」を排除するならば、ここから自然の束縛から解放される「人間の自由」と、この自由を表現するための歴史という思考が生まれる。ここでは自然が単に、人間による生産力の拡大過程の媒介物にすぎなくなる。こうして「唯物史観」の誕生となった。

したがって生産力を発展させて、自然の拘束から人間を解放させる〝主体性〟こそが、近代の時代精神となった。われわれが「唯物史観」を肯定すると否とにかかわらず、近代社会はこれを実践してきた。しかしこの主体性そのものを、いま考え直さなければならない。けれども逆に、この主体性を疑問視するあまり、〝何もしない〟という「無為自然」の思想も無力である。

ヘーゲルが時間を、世界史の「精神」のなかに投げ込んだのは、実は人間の主体性を突きつめたアウグスティヌスに影響されている。アウグスティヌスは、時間を精神に、しかも超越論的な「世界史の精神」にではなく、「人間の精神」に直接的に関連づけた。過去は単なる物理的時間の過去ではなく、われわれの「思い出（Erinnerung 内面化）」として捉えられ、未来は「希望」として、現在は「観念（Vorstellung 表象）」として把握されるという。

この把握こそがわれわれの精神の創成性と、しかも〝ここで、いま hic et nunc〟の主体性を提示している。過去は〝追憶のいま〟として、未来は〝憧憬のいま〟として現在に収斂しているがゆえに、われわれは〝ここでいま〟の創成的実践に向かわなければならない。

この実践のために、表象である観念が不可欠である。そしてこの観念が、意識的な世界ばかりでなく、無意識の世界や「阿頼耶識」の声をも、意識的に聞こうとする。これは、きわめて主体的な精神の創造にほかならない。そうした観念はさらに、不易と流行をも一体化させる。

なぜなら不易や普遍性は、流行や特殊を通じて実践され現れる。したがって何が本来の普遍かを見極めつつ、絶えず新しい表象を創造して実践する時間が、本来の時間である。

このような具体的なわれわれの表象と実践を通じて、生態学的に捉えられる自然も展開され生成される。これこそが「自然の創成」にほかならない。ひとたび近代の洗礼を受けた自然は、われわれの正しい実践を受け入れながら、本来の自然に近づくほかはない。ここに自然と人間とのパートナーシップが深化してゆくのである。

2　自然をめぐるディスクルスス

思考のディスクルスス

われわれは常日頃、日常的な事柄や、目に見えもしくは感覚的に捉えられる現象について考える。しかし時には感覚的には捉えがたい事柄や、現象界の背後の世界、叡智界とその意味についても考える。

ニコラウス・クザーヌスが述べているように、人間の思考は、きわめて具体的な思考と、叡智界などに関する抽象的な思考との間を、行き来（discursus）する。それゆえ、われわれの欲望もまた、本能的な即物的欲望から真善美聖なる高尚な価値欲求まで、その間を右往左往するほかない。ちなみにこのディスクルスス（discursus）が、英語の「論説、論文（discourse）」の語源である。

このような思考の discursus は当然であり、いずれか一方の思考に偏るならば、むしろ問題である。たとえば近代科学のような現象界だけの思考に偏ると、悪しき科学主義、理性万能主義、したがって人間中心主義にも陥る。他方、叡智界の思考だけでは生活することが難しいばかりか「神々の闘争」となって、自分の価値観や宗教的価値を他人に強要し、さらに、そのためにこれをも科学的に説明しようとする「似非科学」が登場する。

もっとも科学の進歩は、こうした努力に依存することもある。「ビックバン」や「DNAの刷り込み理論」などのニュー・サイエンスの仮説は、バイブルの「天地創造」や、〝どんな一つの命の中にも全宇宙の生命が宿る〟という『華厳経』の「一即一切」などの宗教命題につながる。

ちなみに、「オウム・サリン事件」は、このようなニュー・サイエンスと、宗教ブームとが〝よじれて結合した〟ことによって引き起こされた。一方で文明の成熟にともなって、若者を中心に価値観が多様化し、したがって若い人々の間に不安が蔓延して、新興宗教ブームがおきている。他方で高学歴の人々の中には、ニュー・サイエンスに期待する者も少なくない。

これらが相互に、自らの足場を見失う形で乗り入れると、科学でも宗教でもなく、それゆえ歯止めのきかない集団心理に変質する。これが、あの忌まわしい事件を引き起こしたが、オウム事件の数年前にアメリカで集団自殺した教団や、スイスあるいはカナダにおける類似の宗教集団が思い出される。いずれも文明の成熟期、転換期に共通な社会的動勢と言えようか。

ところで近代文明は自然を破壊し、文明の成熟とともに、何よりも先ず自然の限界に遭遇したがゆえに、今日、根本的な転換を迫られている。この点を特に強調するならば、近代文明の限界は、近代的自然観の限界だと言えよう。

存在的自然観と存在論的自然観

われわれの思考が、先に述べた〝discursus〟であるからには、人間は、自然に関しても、自然の現象的な側面と、自然の背後にある「意味」もしくは「実体」に関する側面とを考える。

前者は、現象を客観的に捉えようとする科学的な「存在的（ontisch）」な思考である。これに対して、後者は、自然に主体的に関わり、自然から生き方を学び、自然の中に身を委ね、全一たる自然に融合しようとする思考である。このような実践的な自然理解は、「存在的」ではなく、「存在論的（ontologisch）」な思考にほかならない。

スピノザの「能産的自然（natura naturans）」は、個々具体的な自然「所産的自然（natura naturata）」を創造する「全一たる自然」としての自然理解である。それは、目的論的な自然理解であり、存在論的な自然理解から生まれたと言えよう。

近代になっても多くの思想家、たとえばライプニッツ、カント、ヘルダー、ヘーゲル、ゲーテなどの自然観は、いずれもこのような存在論的な色彩に彩られている。自然を因果論的にのみ理解するのではなく、〝自然全体が創造者の意図に従うところの合目的的な統一体である〟と、目的論的に理解している。

たしかに彼らも、個々の自然に関しては「自然後成説」を、つまり因果論による「自己創造的」な説を否定しない。個々の自然は、進化論が説くように、後から次第に生成してきたという見解を全面的には否定しない。しかし自然全体に関しては、「異他創造的」な「自然前成説」を重視する。したがって全ての自然が最初から、能産的自然により創られていたという。

日本では、「自然」が名詞として〝nature〟の意味で使われるようになったのは、明治20年代後半からであり、それまでは、天地、万物、宇宙、天理、道理、森羅万象、天地自然などが、〝nature〟の意で使用されてきた。しかし「自然の」とか「自然に」という形容詞や副詞は、平安時代末期から使用され、それは、〝おのずから〟の意味であり、「じねんの」と発音した。

このような用法から明らかなように、日本では〝nature〟は〝おのずからの道理〟、さらには儒教の影響を受けて、〝ヤムコトヲエザル(不得已)の必然性〟、〝天地の自己形成〟、〝自己存在のあり方〟と理解されてきた。

しかしそれは、客観的な自然法則の「存在的な理解」に止まる自然観ではない。むしろ先に見た西欧思想よりも、さらにラディカルに実存的「存在論的な把握」に傾いていた。たとえば親鸞の「自然法爾」は、「自然(じねん)」を衆生救済の仏と捉えて、「無上仏とまふすは、かたちもなくまします。かたちなしまさぬゆえに自然とはまふすなり」という。

そして形なき自然が「法性法身」そのものであり、〝如来によってしからしめられるもの〟であり、「方便法身」となって衆生を救済するから、衆生は徹頭徹尾この力にすがりつくべきだと説いた。さらに、このような「他力」そのものと化した個人のあり方が、自然(じねん)だと教えている。

この親鸞の自然観は、ハイデガーの自然観に通じると思われる。〝カオスに形を与えるために現れ、瞬時に背後に消え去る自然〟〝見事に整然としていて、しかも融通無碍に開放され快活なもの(das Aufgeräumte)〟〝命の永遠の現れ〟が、ハイデガーの自然についての理解である。

それはともかく、日本思想の自然に対するこうした「存在論的理解」は親鸞に限らない。山鹿素行の『聖教要録』、安藤昌益の『自然真営道』あるいは、真淵や宣長の「おのずからの自然」など、いずれも自然の存在論的把握だと言える。

しかしながら近代合理主義の思考は、洋の東西を問わず広く抱かれてきたこのような「存在論的な自然理解」を、非合理的なものとして排除した。そして自然を、もっぱら因果法則に従うだけの存在として理解し、機械論的な自然観に立って科学技術を発展させてきた。われわれはその成果を否定することはできないが、この科学技術文明が自然を破壊し、いまや、文明そのものを窮地に立たせていると認識せざるを得ない。ここに近代的思考をすべて否定することはできないが、とりわけ自然に関する存在論的な理解を、再考する必要がある。

最近の〝エコロジー〟の発想が重要なことは言うまでもないが、これも「古典」から学ぶ「自然の存在論的把握」と結ぶとき、より深くかつ幅広い「実践理論」として活きてくると思われる。

3　自然と人間

視点の了解とピュシスによる被投性

ハイデガーの『存在と時間』の「存在（Sein）」とは、われわれ「現存在（Dasein）」が設定した全本的な視点であり、そこからすべての「存在者（das Seiende）」つまり諸現象が生じていると考えられる。逆にみると、われわれが視点を設定することなしには、現象が一定の現象として認識され得ない。現象を現象として理解しているからには、必ず一定の視点を前提にしている。

ただし一定の視点の設定は、われわれが一方的にできるのかというと、そうではない。むしろ時代状況（時間）が大きく影響し、これが一定の事柄を現象として、われわれに理解させる。つまりわれわれが「視点」すなわち「存在」を設定するというより、存在がわれわれの前に立ち現れ、そのように生起する存在（存在の生起）を、われわれが了解する。

たとえば今日われわれが思う「死」は、江戸時代の武士が覚悟していた「死」とはかなり意味が違っているであろう。また古代紫こそが最も美しい色だと感じていた当時の人々と、我々の色彩感覚はきわめて異なる。いずれもその視点たる「存在」が違うからである。

この存在了解によって、われわれは「現存在（Dasein）」たりうる。「いま、ここ（da）」に現存している自分の存在を、「存在（Sein）」との関わりにおいて確認し、そこに意義を見いだすのである。

ところがハイデガーは後期の思想になると、このような「存在」を古代ギリシャの自然「ピュシス」と同じ概念であるという。われわれの視点が、究極的にはピュシスから生じているということであろう。ハイデガーの解釈によると、ピュシスはもともと存在する永遠の命であり、これがカオスに形を与えて、諸々を産み出す。したがって産まれる諸々は、もともと在るものであり、それが光を当てられて露呈するにすぎない。したがってピュシスは光でもある。

このようにハイデガーは、ピュシスの含意は在るものが露呈することだと言い、これに対して「natura」の意味するところは、生育し生い茂ることゆえ、自然といってもピュシスとネイチャーでは全く異なると主張した。これも「存在」が異なるから、自然観も異なるということであろう。

それはともかく形を与える光は偏在し、形を与えることにより一定の空間を開き、現出させる。そして次の現出のために消えるのが「光」だとも言う。こうして見ると、Dasein の da とは「いま、ここ」として見いだす自分の場であり、明るみであり、自然により聖なる次元が現出されている場だ。

それゆえ聖なる次元が逗留している存在が「Dasein」としての人間にほかならない。これに目覚めることが、ハイデガーのいう「被投性」つまり「自分がピュシスにより、いま、ここに投げ出されていること」の自覚である。

自然と精神の一致

ハイデガーのこうした自然観は、自然は霊感を与えられている「精神」だという思考に基づいている。彼によると、自然は一切を分けて統一する精神であり、自然は神を超えている。自然は、やがて本質に目覚め現出する聖なる「カオス」であり、この自然から神も産まれると言う。

ところでシェリングは、われわれの「意識の無限に向う活動」が、宇宙の無限の存在を捉え、この無限の意識を「限定する意識の活動」が、無限の宇宙に対して概念規定し、個々の現象を導出すると言う。われわれの精神は、このような「無限志向性」と「分節志向性」の二面性からなるが、しかも後期シェリングの思想にしたがうと、そうした精神は、自然の理性がわれわれの中に入り込んでくることによって生じる。それゆえ「自然は見える精神であり、精神は見えない自然」だと言う。

こうして見ると先のハイデガーの思考は、シェリングの「自然と精神の一致」の思想の延長線上にる「存在と悟性の一致」の深い意味だ。ここにあるヨーロッパ近代思想の根底は、デカルト以来なによりも「自我」であり、すべてが自我に基づいて存在するという自覚である。ハイデガーの『存在と時間』も基本的に同じだ。しかし自我の思考を突き詰めていくと、カントの『純粋理性批判』のように、人間に共通な生まれつきの「先験的思考形式」を求めることになった。

さらにはここで見た後期ハイデガーやシェリングの「存在論的自然観」にまで行きつく。ここでは人間の自我や精神が、人間の内に在るのではなく、内と外の境界を超えた共通な自然に基づいているということである。それは親鸞の「自然法爾」などの仏教にも相通じるところがある。いずれにせよ存在論的自然観は、人間の自我や理性の根拠についての考究の結果であり、けっして「超越的な自然」や単なる形而上学ではない。また言うまでもなく、このような自然観によって、個々人の相違や自我が否定されるはずもない。

では敢えて今こうした自然観を取り上げる理由は何か。ハイデガーの『存在と時間』は「いま、ここに」現存する「私の尊厳」の意味を明らかにしている。また後期ハイデガーやシェリングの自然観は、自然の深遠なる意味と人間との厳粛な関わりを説いている。そして、これらによって「人間が自然と共にある」という感覚的な深まりが促される。

これは、全人類が環境問題に立ち向かうべき現在、とくに大切である。この感覚的な深まりによって、われわれは自然環境を護り改善するために、自覚的に根本的に生活を変えるに至るであろう。

4　自然の権利

自然権と自然諸物の権利

すでに古典として評価が定着している「思想や理論」を考察する場合、基本的にはそれらが意味するところを、直截的に理解する努力が不可欠である。しかしそのような解釈学だけでは、それらが包摂している様々な内容や、実践的な示唆を読み取ることが難しい。その思想や理論を、現実の諸問題に適応させることにより、それらを包括的に理解し、またそれらを、現実の社会改革に役立てることも可能となる。

さて、すでに自然環境が決定的に痛めつけられ、温暖化問題だけ取り上げても、現在のペースで温暖化が進むと、CO_2をもっとも吸収している「アマゾン流域の森林」が四〇〇年以内に消滅する。したがってこの消滅に至る前に、温暖化が急激にすすみ、人類は四〇〇年以内に絶滅する。この点だけからでも明らかなように、今日の最重要問題の一つが、「環境に関する倫理と法律」と言えるが、「自然哲学」はこうした環境問題の改善に、どのように役立つであろうか。

環境法や国際的な環境条約は、このような環境問題に直面して、従来の基準や枠組みを超えて、「自然の権利」に踏み込むべきであろう。それは、個別的な自然物の「自然諸物の権利（rights of natu-……一つの承認だけでは、不十分である。これらの個別的な自然物の全てを生み出すところの

「地球」が有する権利（すなわち「自然権（Right of Nature）」）を承認することが不可欠である。これは「地球全体を貫く命の流れ」を前提として、この命の権利を承認し、これを犯さないということである。

存在論的自然観と法体系

動物、植物、山や川など個別的な自然物は、われわれが五感によって感知できるところの、また因果論的に理解できるところの「存在的（ontisch）な自然」である。これに対して、この大自然もしくは「地球全体を貫く命の流れ」は、シェリングなどの自然哲学に代表されるような「存在論的（onto-logisch）な自然」であり、「存在論的な視点」から理解しうる自然である。

その存在論的な自然の「内在的価値」が、全ての個別的な自然物に、それぞれの内在的価値を付与する。シェリングの自然哲学は、このような自然の構造を示唆している。

しかし、ここから展開しうる「環境倫理」も「自然権」の基礎付けも、今日の社会においては、若干の判例を除くと、まだ一般的に承認されていない。なぜなら一般的に「存在論的な自然」が理解されず、したがって、これに基づく「自然権」も、自然権に基づく「自然諸物の権利」も若干の例外を除き、近代以降はこれまで無視されてきた。

しかし近代以前は、古代ギリシャ・ローマ、ヨーロッパ中世、日本をはじめアジア諸国など世界の何処でも「存在論的な自然」が承認され、そのことによって自然が護られてきた。また近代以降もカント、シェリング、ヘーゲル、ゲーテ、ハイデガーなどの哲学は、「科学的な自然観」に抗して「存在論的自然」を主張している。今日の深刻な自然環境問題からして、これらの「自然の存在論」にしたがって、「自然の権利」を確定しなければならない。

この法体系においては、「自然権」が「存在論的自然」によって基礎付けられ、「自然諸物の権利」が「自然権」によって基礎付けられる。また人間の権利たる「人権」も、この「自然諸物の権利」の一部として、ここに含まれる。したがって「自然権（Right of Nature）」は「憲法」以前の権利であり、憲法を含む全ての法律の根本基盤にほかならない。

このような法体系においては、たとえば四万十川、富士山あるいはアマミノクロウサギの権利を護るために、われわれが代理訴訟を起こし、これらの侵害を護ることができる。またこれら個々の自然物の侵害が、どの程度まで許容されうるかという点ついても、それらの侵害が「自然権」を侵さない限度までと画すことができる。

つまり「地球全体を貫く命の流れ」を「途絶えさせる恐れ」の無い程度までは、自然物の侵害も許される。すなわち魚や肉を食しゴルフ場を作ることも、この範囲内ならば可能である。そして、この限度に関しては科学的に精査し、客観的に確定できるはずである。

5　人間と動物

動物以上か以下か

すべての個的自然の背後には、それらを生成せしめる、いわば「大きな自然」あるいは「永遠の命の流れ」がある。これを万物の創造主という意味で、神と名づけてもよい。人間もこの命の流れから生じ、やがて消滅することにより、再び永遠の命に還っていく。人間もこの限りにおいて、ほかの自然と同じである。

言うまでもなく、これは一つの大きな物語であり、叡智界の認識であって科学的ではない。しかし人類は、洋の東西を問わず、近代に至るまでは、似たような物語にもとづいて自然と付き合い、自己を律してきた。この意味において、これは人類にとって、科学よりはるかに大きなウエイトを占めている。

ちなみにカントの言う「実践理性」による「物自体」の認識は、神の存在や魂の不死をはじめ、たとえば、このような「そうあるべきだ」あるいは「そうであるに違いない」という「叡智界」の認識にほかならない。それは各人が、それぞれ描く世界像であり、実践理性が要求するところの、もしくは同じことであるが、実践理性に対して要求されるところの世界像である。

カントは、われわれの自由な意思と結ぶこの物自体（Ding an sich）に、科学的認識を超えた「本当の真理」つまり「事物の本質」を見た。万物の創造主である「自然の永遠の命の流れ」も、これと同様に「実践理性」が要求するところである。

さて、しかし人間と動物との違いも明らかだ。たとえばマックス・シェーラーの『宇宙における人間の地位』（一九二八年）によると、人間だけが「肉体の必然」を変容できるという。

人間は精神をもち、それによって自由に理念を立て、この理念を実現するために、肉体の力を必要とする。しかし肉体は本能に支配され、理念や自由にではなく、必然に支配される。それゆえ自由の理念は、「肉体に担われた精神」を通じて、本能すなわち「肉体の必然」を変容する。どんなに空腹でも、他人のパンを食べない。

われわれは、このような人間の優れた特質は認めるが、しかしこれは人間の理想像であり、そうした人間が常に存在するとはかぎらない。むしろ最近の世情は、これとは逆に人間の本質は、動物と変わらないと思われるほどに、本能に走った犯罪が増えている。

ルソーの人間観は、人間のこのような本質を鋭く突いている。動物は本能にとどまっているが、人間はこれを超えて己をより高く建設できると同時に、たとえば父母による子供の虐待のごとく、本能を破壊して動物以下になる可能性をも秘めているという（『人間不平等起源論』一七五四年）。

たしかに人間はそうした自然法則の「本能」ばかりでなく、シェーラーやルソーその他の多くの思想が強調するとおり、理性を備えている。しかしこの理性が問題の核心であることは、理性主義の近代文明の功罪を考えれば明らかである。

分裂体――善と悪、精神と肉体

理性は、自ら生ぜしめた永遠の命に憧れ、これに近づこうとする。永遠普遍なる物を求め、道徳を、知識を、芸術を、神を求める。これは人間だけに見られる特色である。このような理性の働きは、「エロース」(プラトン)ともいわれるが、それは各人の言わば自由な意思として働き、各人の精一杯の営みと、「己と永遠の命との一体化」とを促す。

ところが、たとえばシェリングが『人間的自由の本質について』(一八〇九年)で述べているとおり、このように理性は「明るい明快な強い力」であるゆえに、この「永遠の命との一体化」を目指しながら、自己の独立をも目指し、自らの根底である永遠の命から自立しようとする。これが実存ということであり、実存は拡大されてゆく。しかし、これは「暗いどろどろとした力」すなわち「我欲」の増大ということでもある。

このように人間の理性は、「明るい明快な強い力」と「暗いどろどろとした力」との「ない交ぜ」であり、いずれも人間の自由な意思に根ざしている。

さらにシェリングは、理性が、自己の表現である「言葉」を発することにより、この双方の力を分別し、自らの統一を破り、理性が分裂するという。これは、人間の内における普遍と特殊の分裂であり、善と悪との分裂であり、慈悲と残忍さとの分裂、精神と肉体との分裂にほかならない。同時にこれは、「人間」と「永遠の命」との分裂でもある。

ルソーは『人間不平等起源論』の第一部において、この点を別の角度から把握している。何よりも先ず人間の自然性は、自己の必要性と能力とのセットだという。これは、すべての者に共通な普遍的な確固としたセットであり、野蛮な残酷性でもあり、この点では動物と変わるところはない。カネのために、殺人までも敢行する。

しかしルソーは同時に、人間はもともと原初的な段階から、無限に自己を完成する「完成能力」、社会的道徳性、あるいは利己心と区別される自己愛や同胞愛などを、潜在的に備えているとも言う。ただし原初的な状況においては、これは潜在的なままにとどまり、顕在化することがなかったと捉えた。

人間のこのような二面的な自然性は、すべての人間種族に絶えることなく継続されているが、潜在的なこの可能性は、人間を取り巻く諸条件によって実現される。したがってこれは歴史的に獲得され、変容するところの自然性である。ルソーは人間をこのように理解し、正しい教育と政治の必要性を強調した（『エミール』および『社会契約論』）。

なぜなら、貨幣の導入と財産形成および分業により、社会的不平等と過剰な相互依存とがもたらされたが、これが人間の良質のこの可能性を荒廃させたからである。さらに悪しき教育と学問や芸術によっても、人間は堕落したと歴史的に診断したからである（『人間不平等起源論』『学問・芸術論』）。

人間の自然性と歴史性

デカルトが『方法論序説』（一六三七年）のなかで、科学の対象として、もっぱら自然現象を強調したことが、その後の自然科学の発展に大きく貢献した。これに対してヴィーコは『新科学』（一七二五年）において、科学的考察の中心を人間におき、その歴史的理解を強調した。その反響の大きさから、ヴィーコこそが歴史の発見者と言われる。

しかしルソーは、歴史認識を、このように思想的に深めて、人間性を歴史的に理解していた。またダーウィンの『進化論』より一世紀も早く、「人間性」の進歩発展を説き、同時に堕落の可能性と事実を指摘した。この点においてルソーの思想を、歴史科学の嚆矢と言ってよい。

ところで日本の自死者は、九四年でも一〇万人当たり一六・九人でイタリアやイギリスの八人の二倍であったが、九九年には二五人に跳ね上がり、二〇一〇年までには男性にかぎると四〇人と、ロシアと並んで世界最悪となった。このような自殺者の急増は、デュルケームの『自殺論』（一八九七年）の指摘を待つまでもなく、社会構造によるところが大きい。

しかし虐待や殺人などの犯罪も、また自殺も、より根底的には理性に根ざしている。理性の二面性の片方が、自己の誤った自律を求め、自然の永遠の命から自己を切断して、自律の基盤を放擲してしまう。この結果、己の描いた物語や世界像に固執して、自己崩壊に至る。

たしかに今世紀に入ってからの日本の自死の急増は、不良債権処理の誤った金融政策や、悪連鎖的な企業リストラ、インターネットの無防備な導入などに負うところが大きい。しかし社会現象は、社会構造や社会的な出来事に結びついているばかりでなく、人間の自然性にも根ざしている。それだけに正しい自然観と人間観および社会観の確立が、いっそう重要である。

それには、社会現象の背後にある意味や人々の思いを考察し、そこから社会現象を捉えなおすことが大切である。われわれは「古典を学ぶ」ことにより、そのための手段を得ることができるが、それは同時に、このような人間の自然性を見つめることでもある。

したがって「古典を学ぶ」とは、「人間を通じて社会を、社会を通じて人間を研究する」（『エミール』の冒頭）ことでなければならない。また、それゆえに「学而不思則罔　思而不学則殆（学びて思わざれば、すなわちくらし。思ひて学ばざれば、すなわちあやうし）。」（『論語』為政第二）を、肝に銘ずるべきである。

6　自然環境およびエコロジーの理念と実践

グローバルなスケールにおける環境破壊

人類の営みによって地球全体では、毎秒一千トンの土地と一千平方メートルの森が失われ、その代わりに毎秒一千トンの産業廃棄物と一千平方メートルの砂漠がつくられると、ワイツゼッカーは警告した。しかし人類はそればかりでなく、六つのグローバルなスケールの地球変化を引き起こしている。ルブチェンコ（J.Lubchenco）によると、①地表の半分の変換、②温暖化、③水不足、④デッド・ゾーン、⑤生物の多様性の激減、⑥魚の激減をもたらした（World Apart, 2003）。

第一の変換をもたらしている要因は、数え切れないほど多様であるが、とくにグローバルな輸送が、これを引き起こすことが注目される。ブレトン・ウッズ体制以来の半世紀で、グローバル輸送は二五倍に拡大し、空港、パイプライン、鉄道もきわめて増大したが、これが森林や珊瑚礁をはじめ生物の多様性を激減させ、また田舎の風土や景色を変えた。

第二の温暖化に関しても、その原因は多様であるが、とくに工業化と海上輸送が大きく影響している。海上輸送は質の悪い石油を使用しているから、CO_2汚染もきわめて大きい。産業革命以来、大気中のCO_2は三〇パーセントも増え、その他の温暖化ガスも同様に増えている。ちなみに海上輸送は貿易の八〇パーセントを占める。

第三の水問題も実に深刻である。地球の水の一パーセントだけが地表にあり、その二分の一だけがフレッシュな水であるが、これは増えていない。他方で水需要は二〇年ごとに倍増しているが、それは人口増加倍率の二倍の伸びとなった。もっとも、生活に使われる水は全使用量の一五パーセントで、六五パーセントが工業や農業に使われるが、とくに「工業的農業（industrial agriculture）」およびハイテク産業に、とりわけコンピューター・チップに水が需要される。

ハイテク産業は綺麗な水が不可欠であるが、低賃金を求めてアジアへ進出し、とりわけ中国へ進出したが、中国の水は間もなく決定的に足りなくなる。いま地球全体で八億人が、衛生的な水を飲めず、これが原因で毎年四〇〇万人もが死亡している。

また、たとえばトルコが、独立を求めているクルド人と紛争を起こしている要因の一つが水問題である。クルド人はトルコの水源に生活しているからだ。さらにアフリカの民族紛争、イスラエルの近隣諸国との紛争、アメリカとメキシコやカナダの間にも、同様な問題がある。今後は水の商品化がいっそう進むであろう。

第四のデッド・ゾーンは、動物が住めないほどの低酸素もしくは酸欠状態であるが、この半世紀に四〇のデッド・ゾーンが生まれている。化学肥料製造による「空中窒素の固定」と肥料の大量使用により、富栄養物が海に流れ込み、プランクトンとバクテリアが異常発生し酸欠をもたらした。このバクテリアが大量の酸素を需要しながら、プランクトンを分解するからである。

第五の生物の多様性の減少に関しては、熱帯林の消滅が最大の要因である。動植物の大部分の種類が熱帯林に生息しているが、これが温暖化や乱開発で失われてきた。地球はいま第六番目の「絶滅時代」に突入したが、人類によって「絶滅」が引き起こされたのは初めてであり、その規模はかつての絶滅の一〇〇から一〇〇〇倍となるという。たとえば鳥の種類の四分の一が絶滅したが、その殆どが人類の営みによって、この三〇〇〇年の間に起きている。

第六の魚の激減は漁業による乱獲と海の富栄養化とが原因で、魚の再生産を危うくし、将来の漁業が不可能となるほどに深刻となってきた。四〇年前までは漁場の五パーセントにおいて過剰漁業による魚の激減が生じていたが、現在は七〇パーセントの漁場で激減している。

このように地球はすでに決定的に病んでいるが、なおこの認識は一般に不十分である。それは多くの科学が、問題をグローバルかつ長期的な視点で捉えられないからである。いま見たとおり、とくに経済のグローバル化が環境汚染に大きく影響しているが、この点で経済学は大いに反省しなければならない。これに反してエコロジーとこれによる実践は、グローバルかつ長期的な思考により、こうした地球の状況に歯止めをかけようとしてきた。

エコロジーの展開と実践

ノルウェーでは、とくにエコロジー的思考が驚くほど進み、これが民主社会的国家モデルに統合された。それがヨーロッパ全体に広まりつつある。したがって「京都議定書」で義務づけられた「温室効果ガス」の削減義務を二〇〇四年一二月にEU全体でクリアしたという。日本は一九九〇年比六パーセントの削減が義務付けられたが、二〇〇二年の段階で、逆に七・六パーセント、アメリカは一三・一パーセントもそれぞれ増えている。

ちなみにドイツでは、人間と自然との関係に関する「道徳的実践的な哲学」が、カントをはじめシェリングやヘーゲルの「自然哲学」やゲーテの「植物形態学」などにより、早くから展開されていた。しかしこれらが、政治的ロマン主義やヴィルヘルム的な官僚制と結合し、不幸な結果をもたらした。ユーゲント運動、ナチの故郷防衛、「血と地」など、自然と自然保護の言説が、反動的民族的なイデオロギーへと展開した。けれども今日では、それは克服され、これらの自然哲学が正しい意味において復活している。

もともとエコロジーのモチーフは、これらの自然哲学に関わっているが、エコシステムの研究は、食物連鎖の「エコロジー・ピラミッド」から始まった。そしてエコロジーという言葉を最初に使ったヘッケル（E. Häckel）は、「有機体の構造、機能、欲望の、これを取り巻く環境との調整に関する因果論的記述」が、エコロジーだという（*Generelle Morphologie der Organismen*, 1866）。このヘッケルのエコロジーをさらに広く展開して、たとえばオダム（E. Odum）は「個別存在を超える有機体のあり方」として、エコロジーを捉えている（*Grundlagen der Ökologie*, 1980）。

さらにエコロジーはシステム理論とも結合し、ウイナー（N. Wiener）のサイバネティクス（*Mensch und Menschmaschine*, 1958）やボーム（D. Bohm）の「ホロン思考」の影響を受けて、「部分関係の統合」

もしくは「アトム原理とホロン原理の結合」といった広範囲な思想となった。それは、システムを構成する要素間の行為によって常に再生産される「秩序構造」だと解釈されている。したがってエコロジーは「メゾコスモス」における分析であり、化学や生物学の「ミクロコスモス」理解の不透明さや数量主義を補う。同時にマクロコスモスに関する相対主義的な理論を補うことができる。

ところでハイデガーは、自然科学は、自然の諸法則を集め組み立てる技術に奉仕し、人間は、そうした「集―立て（Ge-stell）」の論理によって追い立てられて、疎外されるという。しかしエコロジーは、そのような追い立ての危険性と、この追い立てから逃れる方向性をも明らかにする。

なぜならエコロジーは科学として基本的には「価値自由」に従うが、「自然との平和を保つ」という価値観を大前提としているからである。それは、エコシステムは均衡を失っても、絶えず均衡に戻るが、その均衡機能は無限ではないと捉えているからである。

多様なエコロジー

いずれのエコロジーも、この価値観を共通にするとはいえ、しかし分析視点は必ずしも単一ではない。一方でツンドラのステップや北欧の森林あるいは熱帯林や太平洋の珊瑚といった「人間が入り込んでいない純粋な自然」を対象とするエコロジーがある。他方で人間の行為と自然のプロセスとの無限の和解の結果である「文化的景観としての自然を対象」とするエコロジーがある。

またこれらのエコロジーに由来する価値観も、自然保護が人間のために不可欠であるという立場と、人間の効用のためでなく、「同一生活圏における生物全体」を維持するべきだという「群集生態学（Synökologie）」からの見解とに分かれる。

前者は、たとえば人間の食物を持続的に確保するために、生物の多様性が不可欠であるという。さらにはエコロジー的キャパシティーの変容をも主張して、人口増加と土地面積の関係は不変でなく、技術と社会構造およびエコロジー的諸条件の複雑な絡み合いにより、このキャパシティーは変わるという。

これに対して群集生態学は、生物群それ自体のために生物群を問題とする。これは「自然の内在的価値」を認める視点であり、カント、シェリング、ヘーゲルやゲーテの自然哲学につながっている。またこの立場は、人間の「自然との共生的な本能」を主張する。現在は実に多くのわれわれの動機や経済活動が、森林を破壊し、湖や河川を汚染し、湿地帯を乾燥させているが、それは人間の本来的な本能や衝動とかけ離れていると捉える。

たしかに自然破壊は、多くの衝動や観念の結果である。たとえばハイデガーのいう「集―立ての巧妙さとしての技術運動」、あるいはマルクスの主張する「自然を資本の利益のための源泉」とみなす観念、フェミニズムが主張する「家父長制の下における女性の身体と同様に自然を捉える」ところの観念や衝動、リンホワイトのいう「旧約聖書による自然支配的な理解」などが、自然破壊を助長してきたが、これらは、いずれも人間の本来的な衝動や本能からかけ離れている。これが「群集エコロジー」の主張にほかならない。

エコロジーから、ロマン主義の自然哲学をはじめ、最近の「ホーリズム」や「エコロジカルパラダイム」「意味的有機体的全体」などの様々な世界観が生じた。ここに非合理的にではなく実存的なパトスを通じて、「大量消費と技術の文明」が少しずつ転換し、フロム（E. Fromm）のいう「所有から存在形式へ」の方向がみえはじめた（*Die Revolution der Hoffnung. für eine humanisierte Technik*, 1974）。

エコロジーと啓蒙の弁証法

こうした世界観から、しかし他方において自然に対する「聖なる恐怖」が生じ、ここから合理的な責任論ではなく、新たなタブーも生まれる傾向がある。

たとえばローザク（T. Roszak）やラブロック（J. Lovelock）は、自然を人間のアナロジーで見立て「母なる大地」「母なる自然」「白い神」あるいは「ガイア」と名づけ、異常な工業社会の状況が、ガイアに対する暴力だという。それゆえこの社会は自然のパルチザン的な破壊行為によって危険にさらされると主張した（*Das Gaia-Prinzip*, 1991）。

ここではラブロックはグローバルなシステムの見通しから、ガイアの普遍性を主張する。またローザクの見解は、マルクーゼ（H. Marcuse）のアナロジーであろうが、いずれにしても、これらは「新たなタブー」を展開するものといえる。ちなみにマルクーゼは『エロスと文明』において、生の願望の「エロス」は「ガイア」であり、「先進競争的な工業」は、これと対立する死への願望の「タナトス」であるという。これに対して同じく批判的社会論の系譜にあるハーバーマスは、その反動としての意味を含めて、後述のとおり、自然に対する人間の主体性を極端に強調した。

そもそも批判的社会論の「啓蒙の弁証法」は自然をどのように捉えていたか。マルクーゼは、「自然の商品化・汚染および軍事化」が、生活世界を実存的な意味において切断するという。そして「大気汚染、水質汚染、騒音、産業および商業による『自然領域における公共性の差し押さえ』は、奴隷化や捕囚と同じように悪い」(*Konterrevolution und Revolte*, 1972) と強調した。

このような主張の背後には、「一面的な客観化された自然把握」に対するホルクハイマーや、アドルノ、マルクーゼの批判がある。彼らは、カントの「自然現象は決定的な法則に立脚した総体」という把握を疑う。また逆にデカルトの「われ思う」を最高に取り入れ、自然を理性が自由に解釈できるものとして捉えることにも反対する。

さらにカントは、この自由と関連して、道徳が「内的自然に対する検閲機関」だと主張するが、批判的社会論は、これも誤った啓蒙だという。それは結局、外的自然を人間主体が支配できるところの「マテリー」に仕上げてしまい、同時に主体自身の自然的欲求を切り刻むことになると言う。

アドルノ、ホルクハイマー、マルクーゼはこのように伝統的な思考を批判したうえで、「エコロジー的に拡大した倫理」を主張する。とくにマルクーゼは、自然がもつ「生物を平和的に元気づける力」と「内在的な感覚的神秘的エロス的な特質」について語り、自然を「抑圧的な社会秩序に対する戦いのための団結力」として解釈した。

しかし啓蒙の弁証法の第二世代は、「人間と自然の関係」に関して、マルクーゼと異なった展開を説く。とくにハーバーマスは、カントの認識論とマルクスの社会理論とを結合して、「労働を通じての自然認識」を主張した。いわく「われわれを取り巻く自然は、人間の主観的な自然との媒介において、つまり社会的な労働のプロセスを通して、われわれにとって客観的な自然として構成されるから、労働は単に人間学的な概念だけでなく、認識論的なカテゴリーである」(『認識と関心』*Erkentnisse und Interesse*, 1973）と。

自然観がカント思想からマルクス思想へと移行するにつれ、スピノザの「能産的自然」と「所産的自然」の区別は、後者が「人間の創り物」という解釈となった。ハーバーマスは『認識と関心』において、このカントから移行したマルクスのテーゼを留保し、ゲーテの「自然の純粋性における客観的な真理」を否定する。労働による形成作業は、単に生命の再生産に不可欠なばかりでなく、経験の対象の客観性を可能にする条件だという。

さてこのようなハーバーマスの思考は、単に「自然の復活」の志向を排除するだけでなく、労働の媒介なしの自然のすべてのプロセスを否定するものである。したがってこの思考のもとでは、自然に対する人間の道具的な支配が強まり、それは論理的に止むことがない。この形成プロセスからして、自然と人間との間の「主体―主体関係」は、「主体―客体関係」に変質し、社会的規範は、自然の価値を失わせ、自然の神聖性を剥ぎ取る。

これに対してシュミット（A. Schmitt）は、フォイエルバッハの感覚論とゲーテの自然観とを重視し、マルクスに対しては「何もそのものとしては存在せず、実践の素材としてのみありうるという傲慢な理念を、マルクスは突き進んだ」（*Der Begriff der Natur in der Lehre von Marx*, 1971）と批判しているが、この批判は同時にハーバーマスに対しても当てはまる。

これまで見てきたとおり、アドルノ、ホルクハイマー、マルクーゼなどの啓蒙の弁証法の第一世代は、エコロジー的に拡大された倫理を説いたが、ハーバーマスはマルクスに肩入れして、人間中心主義的な自然支配の思想に傾斜している。

それは一つにはガイアなどの「[illegible]理論」に対する反発のためであるか、より本質的には「自然の内在的価値」についての哲学的理解に欠け、ロマン主義の自然哲学やギリシャのピュシスについての理解が十分でないからであろう。さらに現実の自然破壊についての理解と、これに対する実践的な姿勢に欠けるからである。他方でハーバーマスは「コミュニケーション論」を展開するが、彼の思想には、この点でも内容的に限界が見える。

われわれが「社会哲学」を考究するのは、社会が抱える悩みを、時流に流されずに根本的に考えるためである。そして徹底的な社会批判を展開し、焦らずに一歩一歩現実を変革するためである。したがって先ず現実を凝視し、これらを考えながら古典を読むことが大切である。

7　自然への道と人間への道

ゲーテの「自然による人間史」

ゲーテはフランス革命の間に、植物の変成とりわけ「着色現象」について研究し、7月革命に際しては「形態学」の研究に没頭した。しかし、これはゲーテが政治的社会的状況から逃避したのではなく、逆に革命その他の人間の歴史の変遷を、自然の法則から学ぼうとしたのである。要するに「自然による人間史」の視点に立ち「根本現象は自然のなかに認識しうる」という確信であった。

彼は『エッカーマンとの対話』の中で「自然科学の研究なしには、私は人間を理解し得なかった。

自然は冗談を言わない。常に真理であり、まじめで厳しく、正しい。誤っているのは、常に人間である。自然は未熟の者をはねつけるが、正しく十分に成熟した者には、自らを示し、その秘密を打ち明ける」と述べた。このようにゲーテにとって、自然は包括的な永遠の生であり、最高の英知にほかならない。そして人間も、このような自然として、何ものにも奪われない、全てを包括した固有の性向を備えていると考えられた。

　こうしたゲーテの自然思想は遠くギリシャのヘラクレイトスやプラトンの流れを汲み、近くはワイマールのヘルダー（J.Herder）の思想やスピノザ（B.Spinoza）の考え方に影響された。ヘラクレイトスは「コスモスは球のように、始まりも終わりも無い永遠であり、神や人間によって創られたものではない。それ自身で完全であり神聖である」という。またプラトンはこれを受けて「生成するところのもの全てに、神聖な本質が宿り、全てはこれに依存する」（『ノモイ』）と言う。

　このようにギリシャの自然観や世界観では、全ての自然は自ら生じ、自ら死滅し、永遠の自己運動の原理を自らのうちに持っていると考えられた。このようなギリシャ思想を継承してゲーテは、自然は「全てを包摂するロゴスの最高の英知」であり、「永遠の生命」であり、全てをこのロゴスが支配していると捉えた。それゆえ彼は「自然はヘーゲルのイデーでも、シェリングの言うような神の本質の中で完全な自由を未だ得ていないところの第一自然でもない。あるいは近代の自然科学的自然や、歴史哲学における精神でもない」と言う。

　他方でスピノザは『倫理学』のはじめで、「実体」を定義して、「それ自身で存在し、それ自身で把握され、その概念が形成されるために他の何ものをも必要としないもの」と言うが、これは神だけということである。そして彼に、全てはこの実体たる神から生じ、神の中で、神の好意によって動くと解釈する。したがって神は「自然を創るところの自然（能産的自然、natura naturans）」であり、世界や自然は「創られた自然（所産的自然、natura naturata）」にほかならない。

ゲーテは、このスピノザの思想を汎神論だと解釈し、彼自身も同様な立場に立つことを表明している。いわく「全ては神のうちで、相応しく循環し、神の下で生き活動して、一切に神の力、神の精神が働いている」と。

ヘルダーの「人間性へ」

ゲーテの自然思想に多大な影響を与えたヘルダーは、先のギリシャの「自然の生成」という立場から、人間の本質を洞察した。彼によると、人間と人間性とは同じことではない。人間性とは「人間性へ」ということであり、人間にとっての課題だという。そしてこの課題は人間の巧妙な文明化とともに追求されるが、この技巧は、人間の自然性に基づくものであって、人間の自然性が、文明もしくは技巧を包含していると言う。

ここでヘルダーは技巧を、対話、文字、理性的精神、宗教などに見て、人間の長所を主張する。しかし決して長所を絶対視せず、神と人間を等置せず、人間の理性を人間にとっての課題だと捉えている。

カントやニュートン、コペルニクスは、まさにこのヘルダーの「人間史への哲学のイデー」つまり「自然による人間史」のなかに、「人間への道」を見出したのであった。それゆえ彼らは自然の探求によって「人間への道」を発見しようとした。この点はゲーテと同じであった。人間となることが「人間の課題」だという思想は、さらにニーチェの『ツァラトストラ』における「橋を渡る人間（Über－und Hinübergang über die ‹Brücke› Mensch）」につながっている。ニーチェは技術的世界に硬直している近代人を解放するために、人間の自然的動物性のなかに本来の自然の力、つまり人間性への超越が生じると主張した。

またマックス・シェーラーによると、人間は「自己超越の姿」に本質を有しており、人間と動物の本質的な相違は、神に向うか否かにあるという。神学的な見通しの中で、人間の超越的な救済を考えていたと言えよう。

このようにヘルダーの「人間への道」の思想は、ニーチェやシェーラーに、さらにはハイデガーの思想にも継承されている。ハイデガーは、人間の本質を「脱自―存在（Ex-sistenz）」として捉え、もともと在る真理の中に立ち返ろうとする存在が、人間だと解釈した。

創造される自然――神人同視の傲慢

思想史の上では、このような系譜を辿ることができるが、しかし近代社会の時代精神は、これとは正反対の方向に進んできた。近代の人々も「人間の自然性」や「人間への道」を探求してきたが、それは「本来の自然とは何か」を問うことを忘れたゆえに、あたかも「人間と神とを同一視」するかのごとき傲慢な営みであった。

これは、何よりも科学技術の発展により、人間が環境的自然を支配し操作し、人間の意図を自然に反映させることが飛躍的に可能となったからである。科学技術を媒介とする、われわれの自然との交わりは、合理的かつ功利的傾向を強め、有機的自然も無機的自然も、人間にとって実利的効率的生活の基盤とのみ見做されがちとなった。こうして人間はすでに自然をコントロールするばかりでなく、これを創り出すことさえ可能にしている。

たとえば周知のように「化学合成」により、ナイロンやビニロンから新素材まで、これまで自然界に存在し得なかった物質が人工的に造られる。物質ばかりでなく動植物でさえ、人間によって創造されている。効率的に肉となる豚、乳をたくさん出す乳牛、卵を異常に多く産む鶏などを創ることが、家畜の飼い方でなく、化学飼料の操作、さらに根本的には「遺伝子操作」によって可能となった。

ここに、われわれは「本来の自然とは」の問いを完全に忘れ、「人間にいかようにも解釈され創造される自然」が日常的になっている。それゆえ自然史は、人間に解釈され創造される自然の歴史だと考えられ、人間社会が自然に色濃く反映されていく。この意味で「純粋な自然」はありえず、存在するのは「人間による自然史」だけということになってしまった。

「自然でなし・人でなし」へか？

これはゲーテやヘルダーの「人間の自然性」や「人間の自然史（自然による人間史）」とは正反対の立場にほかならない。けれどもこのような営み、つまり自然の解釈と組み替えや創造は、われわれの意図に反して、人間を逆に拘束し、社会形成に大きな影響を与えるようになってきた。

一つには自然解釈から生まれた機械その他の科学技術が、社会を変容させ、人間が社会の単なる歯車の状況に貶められている。そのような人間は、ヤスパース（K.Jaspers）が見通したとおり、いつでも「他人」やコンピュータをはじめとする「機械」によって「代替可能」な人間である。したがって「人格」を持たない動物と同じように扱われる。

もう一つには人間にひきつけて解釈された自然観や、これに基づいたわれわれの行為が、生活環境としての自然を破壊し、これが社会形成の最大のインパクトとなっている。東日本大震災と原発事故による〝筆舌に尽くせない環境破壊〟を、例に出すまでもない。にもかかわらず「自然から学び、これを模倣する技術」ではなく、科学技術によって自然に反してまで「造れるモノは何でも造る」といった技術の状況に、反省が見られない。

まさにベーコン（F.Bacon）のいった「知は力なり」を、こうした形で完成し「人間による自然史」を貫徹しようとしている。しかし、これに成功するならば、もはや「人間性へ」の道は閉ざされ、「人でなし」となり、自然も自然性を失うほかはない。これまで展開されてきた「人間による自然史」の思想に基づいて、自然が自然でなくなるこのような可能性を、もはや誰も否定し得なくなった。

自然と人間を捉えなおす

ここにもう一度ゲーテやヘルダーの「自然による人間史」の視点から、自然と人間を捉えなおすことが、いかに重要であるか明らかであろう。人間を含めた一切の根底をなす「自然性」とは何か。人間性を課題とする「人間への道」を切り拓くところの「人間的自然」とは何かを、徹底的に考慮しなければならない。

しかし、このことは近代科学を完全に否定し、あるいは「人間による自然史」の立場を根底から掘り崩すことを意味しない。一方において自然に対するアプローチは、自然を解釈する以外になく、その限りにおいて自然は、われわれにとって「解釈される自然」であるほかはない。また全く人為の加わらない自然は、恐ろしいものである。ちなみにヨーロッパ中世では「森」は、天変地異と同様に恐ろしいものの代表物であった。

さらに自然法則を利用して技術を発明するのも、人間の自然性に由来する。周知の「天工開物」のとおり、自然の法則たる「天」と、人間の工夫たる「工」の双方が相俟って、物ができるが、これも自然のことである。それは、自然を本来の自然に近づけてやること、つまり「自然への道」のために、人間が工夫することである。われわれは、このように自然をよりよく維持する責任を負っており、「自然性に適った生き生きとした自然」を発展させる工夫をしなければならない。

これが技術の真の本質であり、自然と人間が本来的に融和関係にあるゆえ、これが可能となる。したがって重要なことは、われわれの自然解釈や技術が、人間中心的な見地に立って、本来の自然性を見失っていないかどうか、常に反省をすることである。

それは具体的にはたとえば、物理学の法則が妥当する世界をもって、これが自然だと理解するごとき世界観を反省することである。物理的法則は、すべての世界を物質とエネルギーとの関係で捉えて、それを定式化したものに過ぎない。それゆえ、この法則は、自然が正しく働いているか否かに関係なく、全ての事物に妥当してしまうからである。

こうした反省を欠くと、老朽化すると見苦しくなる建物や、不愉快な物質を造る。自然性に適う建築物もその他の物も、本来は年月を経るとともに、それなりに美しく、また持ち味や性能が増すものである。

たとえば薬師寺は千年の檜の柱で建てられたが、建立後三〇年以上を経て木組みが固まり、化粧柱が同時に構造柱となり、今回の東日本級の大地震にも耐えて千年間余りびくともしなかった。またベンツは一〇万キロ以上走ると、本来の性能が出てくる。

要するに本来の自然性を常に考慮しながら、自然や人間がそれに接近してゆく道を工夫すること、自然性や人間性を課題とする「自然への道」や「人間への道」を工夫することが要諦である。これは実は「人間による自然史」と「自然による人間史」の双方を止揚した第三の立場である。どちらか一方の立場だけに立つことは誤りである。

とくに今日は「自然による人間史」の立場から、科学技術を反省することがきわめて重要である。しかしこれだけでは、現代の社会と人間が抱え込んだ問題は解決されず、歴史的試練に耐えられない。先に触れたニーチェ、シェーラー、ハイデガーの思想が、単に思想家の見解にとどまっており、現実は彼らの思想とは逆の方向に流れてきたのも、この辺に理由がある。

第4章　哲学的探求と経験科学的探求

1　根拠への問い

崩壊と根拠

ドイツ語で「崩壊する」の意を、"zu grunde gehen"もしくは"zu Grunde gehen"という。つまり崩壊とは、破滅する事物の根拠（Grund）に立ち戻ることに他ならない。しかしわれわれの肉体が灰となって宇宙に戻る過程が、さまざまな「ひだ」を残すように、どのような事柄であれ、それが根拠にまで到達する過程は、決して直線的ではない。

ではその過程は混沌とした偶然の連続に過ぎないのか、それとも普遍的な論理、弁証法などに支配されるものなのか。また何より、その根拠とは何か。神なのか、宇宙もしくは人間の理性か、絶対精神か、あるいは根拠など何もないのか。

だれでも地獄の底から響いてくる「死を思え（memento mori）」の声を気に掛け、みどりの風がもたらす「生を思え」のささやきに歓喜する。けれども、こうしたごく個人的な日常的経験さえも、実は上に述べた二つの根本問題につらなっていく。社会哲学は、まずこの点を認識することにほかならない。

それが何について書かれた著書であっても、また著者自身がこれに直接には触れていないにしても、いやしくも真の「古典」である以上、それはわれわれにこんな厄介なことを考えさせる。

二つの問い

言うまでもなく、「死」が恐ろしく、「みどりの風」が心地よいのは理屈ではない。それ自体が恐ろしく、それ自体が爽やかである。しかし、それが単にそうした素朴な感覚だけにとどまりえないところが、人の人たる所以である。人間の悲しき性、「はじめに業ありき」とも言うべきか。一切が否応なしに、われわれの根拠への問いかけとなり、共同生活が織りなす歴史法則への問いとなる。

全ての精神は根本的には、こうした根拠への問いかけと、根拠に回帰する過程についての問いとの二つを展開してきた。そしてこれらが「学」をなすならば、一つは形而上学的、哲学的考察となり、もう一つは人間共同生活の歴史的経験的探求となる。それゆえ、こうした二つの問いに触れるところのない言説は、空論もしくは「遊学」の戯言であり、人間精神を顧みないものである。われわれの問いとしては、本質的にこれ以外にあり得ない。

近代社会の栄光と悲惨、今日の混迷、いずれも結局は、これらの根本問題についての、すぐれて近代的な解答に由来する。

2　物の世界と心の世界

延長実体と思惟実体

物理的な「物の世界」とわれわれの「心の世界」とを、どのように関係づけるかということは、人類の歴史とともに古い問題である。そしてこれは依然として、否ますます重要な問題となってきた。それは、とりわけ「遺伝子工学技術」の実用化がさし迫ったことなどから、明白であろう。生きとし生けるものの生命の意味が、根底から揺るがされるかもしれない。

近代的な自然科学的世界像に従うと、物質もしくは物質の構成要素が、時々刻々さまざまな配列を形成しながら全空間に広がっている。これが世界にほかならない。ここにごく単純明快な世界像が描き出された。だが人間も瞬間々々変わるところの、そうした物質の配列にすぎないとは言い切れない。この世界像における物質は感覚をもたず、またそれ自身どんな価値ももたないところの何かである。

しかし、われわれは感覚をもち、目的意識をもち、またそれ自体価値のある存在でもある。つまり、われわれは「物の世界」とは異質な「心の世界」をもっている。そこで「心」と「物」、「精神」と「物質」がそれぞれ独立した実体として区別され、「心の世界」と「物の世界」といった二元論的世界像が生まれた。これがデカルトの res cogitans（思惟するもの、思惟実体）と res extensa（延長をもつもの、延長実体）にほかならない。一方が主観な世界であり、他方が客観の世界である。

二つの世界の結合

しかし、このような二元論的世界観で問題がないかというと、そうでもない。先の遺伝子工学技術を考えてみるまでもない。それゆえデカルト以降の哲学の展開は、このような二元論的立場をそのまま受け入れるか、あるいはどちらか一方の世界を基礎に置いて、他方の世界をもそこに還元しようとするか、ということになった。後者の場合は「心の世界」へ還元する立場と、「物の世界」へ還元する立場と、二つに分かれた。こうして哲学は二元論と二つの一元論の間を揺れ動いてきた。

この観点からすると断定はできないが、ヘーゲルは「心の世界」からの一元化に、マルクスは「物の世界」からの一元化に傾いていたと言えよう。そうしてイデアリスムスの源たるカントにまで遡ると、彼は「心」と「物」との結合に苦悩したのだと言える。

カントは『純粋理性批判』で「物の世界」の認識を扱った。因果・必然の法則が支配する自然界を、「悟性」によってどのように認識し得るかを明らかにした。それは人間に即して言うならば「知の世界」である。

そして次に『実践理性批判』によって「心の世界」を問題にした。それは「意の世界」であり、すなわち意思の自由、真の自由とは何かを問題にしたが、「道徳的自由」がその結論であった。

さらにカントは「物の世界」と「心の世界」とを、すなわち「必然の世界」と「自由の世界」とを、つまり「感情」によって統合しようとした。これは「知情意の結合」である。カントのこの

『判断力批判』は、しかし必ずしも成功していない。けれども根本問題がこのような知情意をいかに結合するかにあることは明白である。

3　余暇と精神革命

近代の終焉と新展開

一九八〇年代も後半になると、ＩＮＦ撤廃条約の米ソ調印、ドルの暴落と株価大暴落、地価の暴騰、途上国債務の借金棚上げ要求、航空機事故、日本の労働組合の連合結成、そして「ベルリンの壁の崩壊」など、国の内外を問わず、性質を異にする重大なさまざまな「社会現象」や「事件」が、かつて無いほどに沢山起きた。これらいずれもが直接的、間接的にわれわれと関連し、誰にとっても、それらの問題がますます身近に感ぜられるようになってきた。というのも、これら諸現象の多くが、「近代の終焉」の兆候であり、したがって社会全体を包摂する規模の事件だからである。

けれどもこの終焉の兆候は、ひとつの始まりでもあった。それゆえ今日では、新しい社会の萌芽も日常的なものとなりはじめている。いま生活している人々は、他のどの世代よりも「近代」に色づけられているが、同時に近代を超える新しい社会にも、手をかけはじめた。いわば「分水嶺人間」である。

近代が「経済主義」と「イデオロギー」の時代であるからには、これからの社会は、経済主義とイデオロギーの弊害を克服するに相違ない。したがってすでに出はじめた萌芽も、たとえば自由貿易を推進するための国際機関「WTO」の中に、「人権」ならびに「環境」に関する部局が設立されたように、一つは、過剰な経済を修正して、経済が人間生活を支える土台——ただし単なる物質的土台——にすぎないという本来のあり方の方向を指し示している。

また後述のとおり「社会的責任投資（SRI）」が、世界的に次第に拡大しているのも同様な方向である。これは、「社会的責任」を果たしている企業の株式だけを買うという投資である。さらにリーマン・ブラザーズ破綻の教訓による「金融規制」や、EUの「格付け会社の規制」あるいはギリシャ等の財政救済のための結束も、悪しき市場主義の修正にほかならない。

さて近代を超克するところのもう一つは、たとえば「ベルリンの壁の崩壊」やINF条約、また日本では労働組合の「連合」の結成が示すように、イデオロギーの超克の方向を向いている。

これらのうちで特に経済主義の超克は、労働時間の短縮とワーク・シェアリングの推進、およびこれらと対をなす「余暇の充実」に集約されるはずである。日本経済の当面の課題である「内需拡大」は、生産設備の投資需要ではなく、生活の多様化による消費需要でなければならない。同時に、それ以上の内需拡大をすべきではない。

この限度を超えると、過剰生産の悪循環を断つことが不可能となる。それゆえ何よりも「労働時間の短縮と余暇の充実」が肝要である。国民経済全体をそうした方向に転換させ、マネー・ゲームや土地投機に向かっているカネのパイプを、国民の余暇充実のために向ける政策を導入しなければならない。

現代が要請している、このような余暇の充実の第一条件は、われわれの〝精神改革〟にある。賃金に支えられる「物的生活水準」と、労働時間の短縮に拠る「余暇」との二律背反性を、精神的に克服することである。余暇を増やして労働時間を短縮すれば、賃金は抑制される。けれどもカネがそんなに無くとも、心豊かに生活を楽しむ〝ゆとり〟を身につけることができれば、この二律背反は問題でなくなるだろう。

実は余暇の充実とは、こうした精神改革を目指すものである。したがって余暇の充実のための基礎条件が精神改革であり、同時にこれが、余暇の目的にほかならない。このように行為の成り立つための条件が、行為の終局目的であるならば、これは革命である。余暇の充実とは、まさしく「精神革命」であり、近代を超越するための革命にほかならない。

概して行為が成り立つための基礎条件が行為の最終目的であるところに、われわれの行為や社会現象の意味深い本質がある。それゆえ〝いつ〟〝どこから〟手をつけるのかという問いに対して〝ただ今直ちに〟〝この場で〟〝ひたすらに〟始めるしかないと答えざるを得ない。

条件が成立するのを待つわけにはゆかない。また過去や未来に捉われてはいられない。過去は〝追憶のいま〟であり、未来は〝希望のいま〟であるから、その意味でわれわれには常に〝永遠のいま〟〝ひたすら行動するいま〟しかあり得ない。したがって、われわれの行為はいつも革命的なはずである。余暇の充実もまさしく精神革命である。

われわれは仕事から解放されて、平静と内省により自己自身と家庭や世界について考えるチャンスを得る。これらを熟考することにより、本来の自分を発見する。つまり余暇の第一の課題は、自分自身を取り戻し、自己に止まるための精神活動である。このような精神活動には、失業ということはない。それは、古代ギリシャ人がもっとも重視した「観想（テオーリアθεωρία）的態度」さらには「高貴なる閑暇（スコレー　エレウテリアσχολή ἐλευθερία）」に通じる。ちなみにθεωρίαがtheoryの語源であり、σχολήがschoolの語源である。

余暇の第二の課題は、自然にひたすら浸ることである。そして自分を取り巻く自然環境を体験することである。自然と人間とのパートナーシップなしに、自然の自然性も、人間の人間性もあり得ないと悟るだろう。これは近代科学技術に対する批判精神と、技術の適切な推進力を養うことにもなる。

第三にわれわれは余暇において自分の周囲の人々、とくに家族と温かく交わる。こどもの人間教育は、本来的に家庭の責務である。この意味で余暇は、根本的な教育つまり人格の交わりを課題とする。さらにこの交わりは、家庭を超えて地域社会へ広がっていく。したがって〝地球の再生〟や〝故郷の創成〟も余暇の課題にほかならない。

こうして見てくると、余暇の充実は、精神革命であり、人格と地域の創成にほかならないが、このような革命は、われわれが古典に触れることから始まる。古典を読み、ひたすら平静と内省に向かうわれわれの社会哲学的な態度から、第一歩が踏み出されるのである。

4　東欧の改革と大衆のパトス

科学的認識とイデオロギー

ベルリンの壁の崩壊に始まる、ソ連・東欧諸国の想像を超えた急激な展開は、二〇世紀の最大のエポック・メーキングの一つであった。それは〝真理の湧現〟にほかならない。それは〝社会主義の敗北〟〝自由主義の勝利〟を意味しているのではない。分別知たる科学的認識の限界と大衆の情念、パトスの力を物語っている。

科学的認識は悟性（ratio）を働かせて、共同社会を構成する原理の自由と平等を分別し、これらが相互に依存しあっている現実社会のあり方を見落とした。それゆえに科学的認識は、一方で自由主義的原理に基づいた社会像と、他方で平等主義に基づいた社会像との相反するふたつの思想と行動を産み落とした。このような自由主義のイズムも社会主義のイズムも、双方ともに誤りである。

これは、すでに一九三〇年代以降の自由主義社会の変容と、一九六〇年代中葉以降の社会主義諸国の経済改革によって、次第に明らかとなっていた。そしてソ連および東欧諸国の民主化と自由化が、この点をいっそう明白に物語った。

ちなみに自由主義を金科玉条とする「デレギュレーション政策」を推進してきたアメリカ、イギリス、日本の経済的もしくは社会的混乱も、自由主義イズムの誤りを示したものにほかならない。

このようなイズムの誤りは、悟性認識に基づく分別知すなわち科学の限界によるものである。科学は一般に実在を分析して、自由と平等、善と悪、原因と結果、生命と環境、霊魂と肉体、神と悪魔、旧と新、右と左……などに分ける。

確かにこのような二分法が、実在を理解するわれわれの手段である。しかしこれは、実在の統一性を破壊することによって、実在を誤って解釈させがちである。したがって歴史家のトインビー(A. Toynbee)の指摘のとおり、われわれはこの二分法思考を完全に手放すこともできないし、さりとてこれを額面どおりに受け取ることもできない。

この二分法こそ科学の避けることができない限界である。東欧諸国の「ベルリンの壁の崩壊」以降の激変を、この科学の限界を突き破って、実在の統一性の真理が噴出していると理解することができる。共同社会が存続するためには、自由と平等さらには友愛その他の原理が、相互に依存しあわなければならない。これが真理である。

大衆のパトスと連帯

しかしこのような社会の真理が現れるためには、また人々がこれを認識するためには、大衆が学び取る時間と、そこから生まれる大衆のパトスが不可欠である。一九六八年の「プラハの春」が失敗に終わったのは、あの改革が少数のエリートによって指導されたものであり、大衆から遊離していたからである。

またゴルバチョフのペレストロイカが、当時のソ連国内で非常な困難に遭遇したのも、ソ連の大衆の学習と改革のための情念が欠如していたからである。それゆえゴルバチョフは、ハンガリーやポーランドあるいは東ドイツの大衆に期待を寄せ、これらの改革を後押しして、この力がソ連の大衆と官僚との双方に波及することを、期待したのであった。

ソ連以外の東欧諸国は、一九六〇年代中央からの経済改革の中で、分権的社会主義をめざした。具体的には、各産業の「産業計画」を中央がせずに、産業ごとの組織たる「企業連合組織」に、これを委ねた。この「産業別組織」が、諸企業（当該産業傘下の企業）が提出する「カウンター・プラン」と中央からの「指標」とを勘案して、産業計画を作成する。さらにこの産業別組織は「評議会」のコントロールを受けねばならないが、この評議会のメンバーは、労働組合の代表、企業の代表、中央の省の代表からなる。

したがって大衆は、労働組合を強化し、評議会を通じて産業計画さらには行政全体への発言力を強めてきた。そうした二〇年間の過程で、ハンガリー、ポーランド、東ドイツやチェコなどの大衆は、学び考え、連帯し、真の社会のあり方について暗黙のコンセンサスを形成してきた。これが大衆の情念となっている。このようなパトスから生まれ出た改革が力をもたないはずはない。それは、〝真理の湧現力〟にも助けられ、一大エポックを創造した。

社会哲学は、眼前に展開する世界史のすべてに目を凝らし、これらの社会現象の解釈と現象への参加を通じて古典に向かうとき、真に古典を学ぶことが可能となり、社会哲学の本領が発揮される。

5　一灯を頼む――ゆとり、公正、連帯の社会

公共政策の課題

冷戦終結後の一九九三年の日本は、不況に明け不況に暮れることになり、人々は目先の不況をどう乗り越えるかということばかり考えていた。政府の不況対策は当然にしても、政財界の指導者や学究者は、こうした時こそ「目指すべき経済社会のあり方」を示すべきだが、これは皆無であった。また同年は政・官・財の癒着と選挙制度の改編に明け暮れた年でもあった。これについても長期的展望のない技術的な議論だけしか見えてこなかった。

この後十数年の混迷の時期を経たにもかかわらずこのような状況は、二〇一一年の現在でも変わらない。どういう社会を目指すべきかというヴィジョンや理念のない論争や制度づくりは、不毛である。

今日は、近代社会を形成し維持してきた「ものの見方・考え方」の根本的転換のときである。近代的な自然観をはじめ人間観、社会観、歴史観、技術観のすべて、総じて「近代的なパラダイム」を転換させ、新しいパラダイムを提示しなければならない。いわば従来の絨毯を引っ剥がし、新しい絨毯を敷き詰めて、新しい生活を開始するときである。

大震災と原発被害の二〇一一年は、九三年に比較にならない苦境に陥ったが、これを「パラダイムの一

大転換」の契機とすべきである。だが財界やマスコミをはじめ多くの指導者は、経済の国際競争力低下を案ずるばかりで、パラダイム自体は全く問題にしない。せいぜい原発に関する情報の公開を要求する程度であるが、これさえも「原子力村」と揶揄される原発利権集団の強力な抵抗によって危ぶまれる。

他方でパラダイムの転換は、パラダイムを抽象的に思考することによっては完成され得ない。具体的な人間像や社会像を検討することを通じて、人間観や社会観のパラダイムが次第に確立してくる。具体的な像と、理念としてのパラダイムとは、相互依存的に展開されていく。

さて、これからの日本は〝ゆとり・公正・連帯の社会〟を目指し、〝自然と文化を大切にする社会〟に変身してゆかねばならない。これが、その理念である。

まず、〝ゆとり〟に関しては、「物的なゆとり」と「心のゆとり」の双方が必要であるが、今日の日本では、前者については「土地・住宅」以外はだれもがほぼ満たされている。むしろ〝金持ちと灰吹きは溜まれば溜まるほど汚くなる〟とはよくいったもので、日本の一般的水準も、こうした事態に近づいている。

他方で身体障害者や交通遺児世帯その他の社会的弱者に関しては、依然として「物的なゆとり」が問題である。またとくに二一世紀になると、日本もアメリカと同様に「格差社会」化がすすみ、低所得者層はきわめて困窮している。それゆえ再び彼らの「物的なゆとり」が、重要な政策課題となっている。加えてもうひとつ不足しているもの、それは「生活関連の社会資本」であり、これと並んで自然の保全と育成に力を注がなければならない。

これらの課題はしかしながら、土地・住宅問題、社会的弱者に対する福祉問題、生活関連インフラ、自然破壊の防止など、いずれも市場機構に委ねては解決し得ないところの、公共政策の問題である。社会全体のこうした視点から、市場メカニズムをチェックし修正しなければならない。このような公共政策が実現しうるような政治、そのための選挙制度の改革でなければならない。

社会的連帯

もう一つの〝心のゆとり〟は、長時間労働と、将来に対する不安や老齢保障問題から、殆どの日本人が味わうことができない。それゆえ労働時間の短縮を、本格的に推進しなければならない。またこの「時短」および「同一価値労働は同一賃金」に向けた「ワーク・シェアリング」が、日本経済の構造転換を促す。これによってのみ、次のような〝年を追うとともに変質し強まった〟日本経済の「悪連鎖」を切断することが出来る。

① バブル経済と悪連鎖経済
過剰設備投資 → 過当競争・低生産性・長時間労働 → 過剰生産 → 過剰輸出
→ 円高・過剰マネー → バブル経済 → 繁昌貧乏不況・空洞化経済→ 金融不安不況

② 日本経済の空洞化と「円高」の悪循環
円高 → 海外組立工場進出 → 部品機械の持ち出し輸出増 →貿易黒字の増大

↓円高の高進 ↓ 海外進出 ↓ アジアのバブル経済とその崩壊

③ 空洞化の第2段階
日本の海外現地工場が、部品・機械の調達も現地その他の海外で行う↓ 国内経済の停滞

④ 輸出プッシュと廉売によるデフレ
（i）輸出プッシュ ↓ 製造コストの削減 ↓ 下請企業の搬入価格抑制 ↓ 企業物価の抑制
↓中小企業の利潤圧迫 ↓ 賃金の全般的低下 ↓ 消費不況
（ii）大手販売店の過当競争 ↓ 低価格競争・製造コストの削減 ↓ 下請企業の搬入価格抑制
↓ 企業物価の抑制 ↓ 中小企業の利潤圧迫 ↓ 賃金の全般的低下 ↓ 消費不況
↓大手販売店の経営難

⑤ 消費不況
所得格差拡大 ↓ 消費不況とリーマンショックによる五里霧中不況
↓ 不況脱出のためのリストラ ↓ 合成の誤謬不況

さて、望ましい〝ゆとり〟を実現するためには、社会的な連帯に根ざした「公正な社会」となるこ

とが肝心である。公正な社会は、機会均等、交換の正義、分配の正義の三つの原理のバランスが計られることによって成立する。

第一に大多数の人々に、何事によらず参加の自由が保障され、機会が平等に与えられていること。第二に営利活動に関しては、市場メカニズムが保障され、参加したものの働きに応じて報酬が支払われるところの「交換の正義」が実現すること。第三に社会的弱者に対する保障や自然環境保護のためなど、その他の必要な場合には、交換の正義が修正されて、必要に応じて分かち合うところの「分配の正義」が重視されること。

このように三つの原理が〝重構造〟的に調和している社会が公正な社会と言えよう。そしてこの調和は、社会的連帯の精神によって導かれ、同時にこれらのバランスが社会的連帯を強固にし、〝ゆとりのある共同体的な社会〟を実現し得るであろう。

しかしこうした社会的連帯を促進するには、今日の議会制民主主義の制度だけでは不十分である。国会をはじめ地方議会もみな、〝利益者集団のパイ分奪り競技場〟と化しているからである。したがって議会制民主主義とは性格を異にする社会的合意形成機関が、議会を補完しなければならない。最終的意思決定機関としての「議会」に対して、後に詳しく述べる協議機関としての「経済社会協議会」がこの役割を果すはずである。利益者集団の代表による透明な協議の場「経済社会協議会」が、国家レベルばかりでなく各地方レベルでも導入されれば、常設のこの機関が協議を通じて、各レベルにおける利益者集団間の協調、社会的連帯を醸成してゆくだろう。

社会的連帯を推進する運動として、もう一つ、労働組合の運動が注目される。この労働運動は「ゆとり社会」を追求するが、それにはボランティア活動の組織化や、組合施設の地域への開放、さらには地域ぐるみの海外団体との交流といった「地域固有の国際化（ヴァナキュラー・ユニバーサリゼーション）」など、地域活性化のリーダーシップをとることが大切だ。労働運動が、地域活動によって〝社会的連帯〟を推進する核となるべきである。

社会哲学の視座

これまで見てきたように、ゆとり、公正、連帯は、原理的に相互依存関係にあり、全体として自然や文化を大切にする「〝ゆとり〟ある社会」を形成してゆく。このような社会となって初めて、環境問題や高齢化社会問題に対する回答が準備され、地域の活性化と国際化、行政の地方分権化、生活関連の社会資本の充実、さらには〝適正な情報社会〟が実現されよう。

社会哲学は常に現実に目をやり、現実の社会の悩みと関わりにおいて考究し、これを克服すべき理念を「古典」から引きだすことである。ここでは今日の日本の錯乱状況を克服するために、「古典」から引きだした理念を開陳した次第である。

〝一灯を提げて暗夜を行く。暗夜を憂うことなかれ。ただ一灯を頼め。〟

これは幕末の学者の佐藤一斎の「言志四録」の中の『言志晩録』の言葉である。二灯や三灯など複数ではなく、〝ただ一灯〟といっている。すなわちこれは根本理念を指す。古典から学ぶのも、この一灯にほかならない。

6　現実とマルクスおよびケインズの理論

マルクス理論とケインズ理論の類似性

マルクスは資本主義経済崩壊の必然性を、ケインズは資本主義経済が慢性不況に陥る必然性を説いたが、両者はほとんど同じところを見ていた。ともに「投下資本当たりの収益の減少」と、「消費不足」とに注目している。

マルクスは資本主義経済が進展するにつれ、総資本に対する利潤の割合の「利潤率」が低下して、これがゼロに近づくゆえ、資本主義経済は自ら崩壊するという。同時に労働者が相対的に窮乏化し、それゆえ生産物を買い取ることができなくなる、つまり「価値の実現が不可能となる」という。この点から労働者階級は資本主義の矛盾に気がつき、資本主義を打倒する運動に傾いていくと主張した。

他方ケインズによると、経済成長につれて「投下資本の最終一単位から得られると予想される収益率」つまり「資本の限界効率」が次第に小さくなるから、貯蓄に対して投資が相対的に減少してくる。また同時に消費性向も低下するから、消費需要も相対的に不足する。これらから投資と消費を合わせた「有効需要」が、供給能力に比して小さすぎる結果となり、それゆえ資本主義経済は、発展するにつれ「過少均衡経済」となり、必然的に「慢性不況」となる。

表4－1　労働装備率・生産性・人件費

（全産業、1985年度＝100）

年　度	1990	95	2000	02	03	05	07	09
労働装備率	141	192	188	200	194	172	169	171
労働生産性	129	132	126	128	126	120	124	114
人件費	132	161	161	162	157	160	166	157

（出所）財務省『財政金融統計月報』の「法人企業統計年報特集」の各号から作成。対象は約27,000社。

これらの双方の理論を、最近の日本経済において検証してみよう。まず**表4-1**の企業分析における「労働装備率」は「従業員一人あたりの機械の金額」、「生産性」は「従業員一人当たりの稼いだ金額」、「人件費」は「一人当たりの給与と福利厚生費の合計」で、いずれも一九八五年度を一〇〇とした指数である。

これによると労働装備率は一九九五年度〜二〇〇二年度にかけて、ほぼ二倍となっているが、労働の生産性は三〇パーセント弱しか上昇していない。また人件費は六〇パーセントぐらいの上昇となっている。したがって投資した機械から得られる収益率は、設備と労働のコスト上昇に食われて、かなり急速に低下した。それゆえ、その後は労働装備率を低下させ、このコストの減少を図った。その結果、労働生産性も低下したが、その低下率は労働装備率の減少ほどではない。もっともリーマン・ショックの二〇〇九年は例外的に生産性も落ち込んだ。

このようにケインズの資本の限界効率の低下の主張は、ますます現実的となっている。それは労働装備率の高い伸び率と、生産性の低い伸び率とにより、双方の格差が次第に拡大してきたことによって証明された。

ところで労働装備率の急激な上昇により、全資本のうち、機械に投資される部分が相対的に急激に大きくなり、賃金として支払われる部分が相対的に小さくなる。まさにマルクスの主張した「資本の有機的構成の高度化」である。

またこの表から明らかなように、人件費の伸び率は、生産性の伸び率ほどに低い推移ではないが、労働装備率の伸びには遠く及ばない。したがって、労働者の相対的窮乏化も日本経済の現実となってくる。ＧＤＰの伸びほどには、サラリーは伸びず、ＧＤＰの減少以上に、サラリーは減少するということである（**表4-2**）。

ちなみに日本のＧＤＰが最高となったのは一九九九年であり、賃金が最高となったのは一九九七年である。一九九三〜九七年間にＧＤＰは七・四％伸びたが、賃金は五・〇パーセントの伸びに止まった。また九三〜九九年間ではＧＤＰの九・三パーセントの伸びに対して、賃金は二・一パーセントの伸びに過ぎない。他方で不況が続く二〇〇〇年代に入ると、二〇〇二〜一〇年間にＧＤＰは二パーセント低下したが、賃金は五パーセント低下している。

さて高度に経済が発展すると、「大量生産・大量消費」の経済から「多品種・少量生産」の経済へ移行する。この下で生産全体を拡大するとなると、いっそう多様な機械を導入し、いっそうの多品種生産となるが、それぞれの品種は少量生産ゆえに「規模の利益」が得られず、生産性を上げることが困難となる。こうして「資本の限界効率の低下」も「利潤率の低下」もともに漸進的にすすむ。

ちなみに春闘の反省会では、組合側は必ず「今年の春闘は敗北である」と言う。「われわれは、もっと賃上げを要求するべきであった。もっと有給休暇を獲得するべきであった。来年こそ頑張るぞ」ということになる。これに対して経営者側は逆のことを言う。「今年は大盤振る舞いをしすぎた。

表4－2　日本のGDP・家計消費・賃金・消費者物価・輸出の10年ごとの倍率

（単位：倍）

	GDP	家計消費	賃金	消費者物価	輸出
1976～86年度	2.00	1.56	1.60	1.42	3.00
1987～97年度	1.40	1.16	1.20	1.16	1.60
1998～2008年度	0.98	0.90	0.92	0.98	1.44
2000～10年度	0.94	0.94	0.91	0.97	1.30

（出所）財務省『主要経済指標』から作成。

こんなことをしていたら利潤がどんどん減って、会社は潰れてしまう」と。

これは両者の言うことはともに正しい。なぜなら賃金部分も利潤部分も、急激に伸びていく労働装備率つまり「従業員一人当たりの機械コスト」に食われているからである。労働装備率の上昇は、特に多品種少量生産の経済に到達しても、なお生産や仕事を拡大しようとするところから急激となる。日本経済の一九九〇年代の苦境は、その結果であり、けっして企業がアメリカ流の改革を怠ったからではない。いわゆる「失われた九〇年代」という議論は根拠がない。

消費の限界と不可能となった価値の実現

日本経済は一九七六～八六年度の一〇年間にGDPが二倍となったが、消費者物価の上昇分を差し引いた「実質家計消費」は一・一三倍つまり一三％しか伸びていない。また一九八七～九七年度の一〇年間ではGDPが四〇パーセント伸びたが、実質家計消費はまったく伸びていない。そして二〇〇〇年から二〇一〇年までの一〇年間では、GDPが六パーセント、実質家計消費が三パーセント、賃金が九パーセントそれぞれ減少したのに対して、輸出は三〇パーセント増加した（**表4－2**）。

ちなみに一九七六年度から二〇〇六年度の三〇年間では、輸出が六・六倍、GDPが三倍となったのに対して、実質家計消費は七％伸びただけである。したがって「労働時間を半分にする時短・ワーク・シェアリング」によって、仮にGDPが半減したとしても、それは一九七六年の水準より一・五倍高く、また実質家計消費も二〇〇六年の水準より三・五パーセント下がるだけである。しかし、このような時短ワーク・シェアリングによって、GDPが半減することは無く、横ばい程度であろう。他方で人々の生活に時間的ゆとりが生まれ、しかも自然環境に優しい生活となるであろう。

それはともかく、要するにマルクスの「価値の実現が不可能」もケインズの「消費需要の相対的減少」も、ともに最近の日本経済においても明白に見られる。一九七六〜一九八六年度の一〇年間で二倍も伸びたGDPの価値の大部分は、輸出先の国民が実現し、日本における実現は一四パーセントに過ぎなかった。当時の輸出先は圧倒的にアメリカであったから、つまりは日本人が一生懸命働いて、アメリカの人々に安い製品を提供したということだ。これが後で見るとおり、円高とバブル経済をもたらす結果となった。

ちなみに既述のとおり一九七六〜二〇〇六年の三〇年間では、GDPの三倍に対して、実質家計消費は七パーセントの伸びにすぎない。

ただしこの消費需要の相対的減少は、マルクスの「大衆の相対的窮乏化」だけに拠るものではない。たしかに賃金の伸びはGDPの伸びより小さく、とくに実質賃金の伸びは小さい。しかし賃金の伸びは、家計消費の伸びより大きい。したがって、消費の相対的低下は、たとえカネがあっても消費しないところの「消費飽和状態」にも起因すると見られる。

表4－3　耐久消費財普及指数と住宅・社会資本整備水準指数の国際比較
（これら諸国の平均＝100）

	日本	西ドイツ	アメリカ	フランス	イギリス
耐久消費財普及	124.3	97.9	135.5	66.4	100.2
住宅・社会資本整備	40.6	112.6	101.8	73.7	111.7

（出所）　1988年度『建設白書』より作成。

消費低迷の要因は消費飽和から窮乏化へ

日本経済が「成熟飽和」に達した七〇年代後半になると、人々はほぼ十分に消費しており、たとえば、それまで以上に食べたら、日本は「糖尿病列島」になってしまうほどであった。また、これ以上のモノとくに耐久消費財は買えない。八〇年代後半には耐久消費財の普及率は、アメリカに次いで世界で二位であり、フランスのほぼ二倍も耐久消費財を持っていた（**表4－3**）。

それゆえ給料が上がっても結局、食べきれないし、買うモノもない。消費の伸び悩みは、カネがないというより買いたい商品がないというのが理由だという調査結果も出た。したがって消費の低迷は、必ずしも労働者が相対的に窮乏化して買えないのではなく、むしろ消費が飽和状態となったからである。

ただし二〇〇〇年代に入ると、マルクスの「大衆の窮乏化」ゆえに消費が低下するという側面も大きくなった。九〇年代末から二〇〇〇年代における賃金の続落と、非正社員の増大およびニートの増大からして、困窮ゆえに消費の絶対水準が下がっている。平均賃金は一九九七年度から下がり続け、二〇一一年度までに九七年度比一二パーセントも下がった。また二〇一一年度には非正社員が被雇用者の三八パーセントで一七一七万人、ニートが六五万人に達している。

さらに経済協力開発機構（ＯＥＣＤ）の「国民の何％が貧困者か、つまり全国民の平均所得の五〇パーセント以下の家計の割合」という調査によると、二〇〇五年度の時点で日本は世界の第五位の一五・三パーセントで、先進国中でもアメリカの一七パーセントとアイルランドに次いで第三位となった。日本は一〇年ほど前の八パーセントから、貧困者がほぼ倍増したのである。そして〇九年にはこれが一六パーセントへとさらに上昇した。

この傾向が続けばマルクスの指摘どおりに、大衆の窮乏化によって経済は行きづまる。ちなみに世帯別所得水準も、一九八〇年代の前半には、上位二割と下位二割の開きが一〇倍以内であったが、二〇〇二年には一六八倍となった（労働厚生省調査）。

このように一九八〇年代の「一億総中流意識」の国から、いまや相対的貧困者が多く、所得格差がきわめて大きな国となった。

不良債権の直接償却策と合成の誤謬

ケインズは、節約が個人にとって大切な道徳であるにしても、国民経済全体は、それによって消費不足をきたし慢性不況に陥ると主張した。このように個々のケースで正しいことでも、それらが全体として集まれば、大きな誤りとなることがある。ケインズは、これを「合成の誤謬」と呼ぶ。このような合成の誤謬ゆえに、国民経済全体のためには「消費は美徳」と呼びかけることが大切だと説いた。

また市場価格や企業など、経済の各部分が均衡しても、合成の誤謬ゆえに、国民経済全体が均衡するとは限らないから、経済全体を均衡させる有効需要政策が必要なことも説いた。

ケインズが強調したこのような合成の誤謬は、たとえば日本経済の〝アメリカ政府の要求〟による二〇〇一年からの「不良債権直接償却策」にそのまま当てはまる。

借金は企業であれ、個人であれ早く返済した方がよいということはいうまでもない。しかし全企業が一斉に借金の返済に走ったら、経済の流れが止まってしまう。企業は返済のためにリストラに走り、また企業倒産と失業者も続出した。

さらに「不良債権の直接償却」は、銀行が返済の難しい企業に対する融資を打ち切り、融資の担保物件を取り上げて換金し、これを銀行の資産とするという方法であるから、金融機関による担保物件の投げ売り、いわゆる「バルクセール」が横行した。当然これによって、地価と株価が全体的に暴落する。したがって、それまでの優良債権も「担保不足の不良債権」となり、これによって不良債権処理の対象となって倒産した企業も少なくはない。それは、次のような悪連鎖であった。

不良債権の直接償却 → 土地と株式の投売り（バルクセール）→ 地価と株価の暴落
→ 優良債権が担保不足となり不良債権化 → 本来ならば優良企業であった企業の倒産

日本経済はバブルの崩壊により、一九九〇年度から九四年度の間に地価と株価が下落して、双方の合計で一〇〇〇兆円以上も資産価値が下がった。それでも失業率は平均二・九パーセント、年間の企業倒産件数も一万二〇〇〇件ほどであった。しかし不良債権処理の二〇〇一年度から〇三年度の間の失業率は五・一パーセント～五・四パーセントに跳ね上がり、企業倒産件数は一万五四八六件～一万九六五〇件と未曾有の深刻さとなった。

表4－4　不良債権額および2001年度の不良債権処理額と新規不良債権額

（単位：兆円）

	01年3月	（01年処理）	（01年新規）	02年3月	03年3月	04年3月
不良債権合計	43・5			52・4	44・5	34・6
信組・信金	11・0			9・1	9・2	
全銀行	32・5	9・3	20・2	43・2	35・3	26・6
（都銀15行）	19・3	7・8	17・4	28・4	20・7	

出所）　金融庁「不良債権に関する資料」より作成。

しかも不良債権を、たとえば二〇〇一年度に約九兆円償却したが、その結果、新規不良債権が二〇兆円以上も発生し、全銀行の不良債権は二〇〇一年三月の三二・五兆円から二〇〇二年三月の四三・二兆円へと増大し、明らかに合成の誤謬に陥った（**表4－4**）。

このような「不良債権の直接償却」が「新規不良債権」を創出する構造は、基本的には変わらない。そこで政府は方針を変え、大手行に「企業再生ファンド」を設立させて、このファンドに不良債権を移転させることを許可した。この方法で不良債権を銀行の帳簿から消すことができる。しかし不良債権は企業再生ファンドに移し変えられて残り、処理が延期されただけであった。

もともと日本の金融機関は、融資に対する「貸し倒れ引き当金」を積んで、出来る限り倒産させないように、時間をかけて不良債権の処理をするところの「間接償却」を採っていた。金融庁の直接償却方針の変更は、実質的にこの間接償却に戻ったのである。こうして「合成の誤謬」に陥る直接償却策が退いた結果、倒産もリストラと失業も徐々に収まってきた。

わが国の理論や思想に関する書物の多くが、その理論や思想を、現実の社会現象において検証する姿勢に欠けるため、抽象的な解説書に止まっている。しかし理論や思想を使って、現実を考察しないのであれば、理論や思想の理解も十分とはならない。古典を学ぶとは、学んだ古典を通じて現実問題を考え、現実を検証する努力を怠らないことである。

7 企業経営と道徳

法令遵守・企業統治

近年はとくに企業における法令遵守（compliance）が叫ばれるが、それは企業の不祥事が続いたためだけではない。第一にとりわけ大企業で、事業の拡大や業績の伸びを目指して、専門家が重視され、ともすれば企業全体を見る包括的な視点に欠けている。したがって専門家やテクノストラクチャーが独走し、不祥事を起こす可能性が高まっている。

第二に経営実態とかけ離れたマネー・ゲーム的市場や、敵対的買収が起きやすい市場となってきた。とくに日本においては、米資本が政府を通じて、日本政府に「金融ビックバン」を要請したことから、このような市場がはじまった。また世界的には「ファンド」による「企業合併・吸収（M&A）」が広まり、国境を越える「クロスボーダーM&A」も頻繁となってきた。この状況下では、しばしば不当さらには違法なマネー・ゲームや株主利益の追求、あるいは逆にその侵害が生じる。

第三に経済グローバリズムの進展にともなって、企業は途上国に進出し、賃金コストを切り下げることが可能となったゆえ、国内でも賃金や労働条件の「下向きの競争」が激しくなった。それゆえ、ここでも法令や協定が侵されるケースが頻発する。

これらの企業を取り巻く環境からして、とくに内部統制システムの構築とコンプライアンスが叫ばれる。同時にこれは、「企業統治（corporate governance）」が強調される背景でもある。

企業の社会的責任と公共性を体現する企業

そもそも企業は誰の企業か。それは、従業員、顧客、取引先、地域社会など全ての「関係者（stake-holder）」の企業であり、単に株主や経営者だけのモノではない。その意味で企業は「公共性」を十分に自覚する必要がある。近年は多くの企業で社外取締役制が導入されたが、それは企業の公共性を追求するためである。

しかし社外取締役制の本来の目的を矮小化して、この制度は株式利益の追求を重視するためだという見解が、エコノミストや専門家から聞かれる。このような悪しきアメリカ流の模倣は間違いである。企業は何よりも公共性を体現することが肝心である。

言うまでもなくA社はA社であるが、そのような独立した自律的なA社が存在するのではない。A社が存在するためには、A社以外のあらゆる存在と関係し、それらが相互に支えあっている。Aの存在は非Aなしにはあり得ない。A社もこのような「実在の原理」から離れることはできない。

したがって、すべての企業は「公共性」を担っている。私企業も公企業もともに、この公共性を常に意識すべきである。それゆえ政策のスローガンも「官から民へ」ではなく、「民も官も公へ」でなければならない。

企業の倫理化――経営と道徳の一致

企業のこのような性格からして当然に、企業は単に利益追求するばかりではなく、企業の倫理化、経済と道徳の一致を図らなければならない。実際に、そのための企業に対する社会的監視が、製品の消費や株式の売買を通じて厳しくなってきた。

第一に企業は、自社を持続させて、従業員の生活を安定させるという社会的使命を負う。雇用リストラは、企業存亡の止むを得ない場合以外は慎むべきである。最近の大手企業の中には、リストラによって過去最高利益を上げている企業も少なくないが、これは社会的責任を放棄している。また早晩リストラが不可能になるから、このような利益は続かない。

第二に企業の「内部統制システム」を構築して、企業の行動の透明度を高めることが大切である。これによって効率を追求することができる。八〇年代の「Japan as number one」と言われた日本企業は、この点では世界のお手本であり、ここから「ステークホルダー社会」と言うイギリスの標語が生まれた。

ブレア政権は、イギリスの社会も「ステークホルダーがみな参加して、自分達の利害を他人任せにしない」ところの「日本企業」を見習おうということであった。しかし九〇年代後半から日本企業も、リストラやアメリカ式の経営の模倣で、このような望ましい企業体質を劣化させた。しかし、もう一度八〇年代の日本企業に戻らざるを得ないであろう。

第三に製品の安全に配慮し、顧客の信頼を高める日常的な努力が不可欠である。製品の影響力は、その範囲と深刻さの双方で大きくなる一方で、ひとたび粗悪品を出したら、企業の存続が不可能になるケースも少なくない。それゆえ企業は製品の品質管理を、これまで以上に徹底しはじめた。

第四に企業は、「自然環境に厳格に配慮する経営」が求められている。従業員や地域住民を公害で苦しめないことはもとより、効率の追求と同じ程度か、それ以上に、安全な工程と温暖化や河川・湖沼・海洋汚染の防止を重視し、また土壌を重金属などで汚染しない製造、物流、販売を常に心がけなければならない。それゆえ、先進諸国の主だった企業や工場は、環境配慮の「ISOシリーズ」をクリアしている。これを無視する企業の製品は、国際市場からボイコットされるほどになってきた。

社会的責任投資の増大

アダム・スミスの道徳哲学の体系によると「経済が宗教、道徳、政治、法律から開放され自律する」ということであったが、自由な経済社会の歴史は、この体系とは逆に展開してきた。自由経済がスムーズに展開するために、法律、政治（政策）、道徳、さらには宗教的観点も導入するようになっている。スミスの体系は、近代的思考が誕生する時代精神の中で形成された。それは「漠然とした全体的な認識」から「厳格な部分的認識」へという思考である。

したがって当然にもスミスの体系は、近代的な「自同律」たる「認識の原理」に基づいて、経済の自律を論証した。しかしその後の実際の近代の歴史は、「実在の原理」である「即非律」にしたがって、これまで展開してきた。それゆえ経済はいまや、とりわけ道徳をも意図的に取り入れる状況となっている。

たとえば利潤を追求する企業が、経営活動からはなれて「フィランスロピー（philanthropy）」といわれる「慈善や博愛などの企業行動」を、積極的に行うようになってきた。さらには「メセナ(mécénat)」と呼ばれる「企業による芸術・文化に対する援助」も次第に活発となってきた。ボランティア休暇制度も導入している。これらは直接的には企業利益に繋がらないが、間接的に企業利益にも貢献する。ちなみに欧米では企業が「法令遵守や環境および社会への配慮」に対する「企業の社会的責任(CSR)」を果すか否かにより、自社株が大きく左右される。社会的責任を果す企業の株式だけを買う「社会的責任投資(SRI)」も世界的に広がっている。イギリスでは二〇〇〇年の年金法改正以来、年金基金の総投資額の八割がSRIとなっている。

同様にドイツやオーストリアでもSRIを後押しする年金法改正が続いた。二〇〇五年のSRI市場の規模は、アメリカが二七四兆円、イギリスで二二・五兆円、世界全体では三五〇兆円で、全世界株式市場規模四七〇〇兆円の七・四%に膨らんでいる。ただし日本おいては未だ、これは当時の株式市場規模五七〇兆円の〇・〇五パーセントの〇・三兆円にすぎなかった。

矛盾する原理の相互要請

このように自由経済が道徳を回復してくる傾向は、基本的に変わらないが、最近の経済グローバリズムにともなって、これに逆行する動きも出てくる。とくに、八〇年代末以降アメリカの大手企業が「雇用リストラによる高収益」を目指す経営を展開し、これを日本の大企業はじめ多くの企業が模倣した。

しかし、これは企業の社会的責任に反するばかりでなく、消費不況を長引かせ、あるいは短期的すぎる視野ゆえに、家計、企業、地域のそれぞれにおける二極化をはじめとする社会的混乱をもたらした。そのツケはやがて、リストラ利益を享受した企業にも及ぶ。

認識の原理で理解すると、企業の「利益追求」と「社会的責任の遂行」とは矛盾する。しかしすべてが重々無尽に「縁起」するという「即非律」が支配する実在においては、このような相互に矛盾する原理が共存する。

否、単に共存するばかりか、矛盾する原理が相互に他を要請しあう。したがって難波田春夫は、実在の原理を単に「即非律」であるばかりではなく「矛盾の統一」ということを強調して「相互律」を説いたのである。古典を学び、また同時に現実問題を考えることにより、相互律が次第に理解できるようになるであろう。

8　国家と開かれた道徳

ナショナリズム

近代的戦争は、多くの場合ナショナリズムの衝突によって引き起こされた。この衝突の原因は、経済的あるいは政治的要因、さらには水資源などの死活問題と多様であるが、それらの諸要因が「ナショナリズムの異常な昂揚」に繋がることにより、戦争の勃発となった。

われわれが自分の生まれ育った郷土を愛し、国を思うのは普通のことであり、難波田の説く「家・

郷土・国家の三重の共同体」は、人びとの一般的な心情にほかならない。これ自体はナショナリズムではない。

ゲルナー（E. Gellner）が正しくも主張したように、ナショナリズムは「『国家』という政治的な単位と『民族』の単位とが一致しなければならない」（『民族とナショナリズム』）とする主義や主張だといえる。したがってナショナリズムは、郷土愛や祖国愛の特殊な形態である。そこで問題なのは国家とは何か、民族とは何かということである。いずれも、さまざまな視点から多様な考察がなされてきたが、私見を述べよう。

政治と近代国家

われわれは選挙や不況の折には、政党の政治的主張や経済・福祉政策などを通じて、国家を意識するが、日常生活が順調なときには、あまり意識しない。逆に今日のような「格差不況」が続くと、失政による国家の非を暴かざるを得ない。

古代中国の帝の「堯」の政治を称えた「鼓腹撃壌歌」のような国家や政治が、理想である。大衆が「〝帝力われにおいて何をかあらん〟、政治なんて無関係、民衆は十分に食い腹鼓を打ち、大地を踏み鳴らして楽しんでいる」というような、人々に意識されない政治や国家が最高である。

それはともかく一般的に近代的産業が生まれる以前は、人びとは今日ほど国家を意識しなかった。日本の幕藩体制のように、それぞれの地域の共同体は独自の文化をもち、人々はそれに従って生活していた。これらの地域は相互の横のつながりを欠いており、それら全体を束ねている政治や国家は、人々の生活と隔絶していた。

したがって、たとえば徳川幕府の重臣など、この政治に携わる者だけが国家を意識した。もしくは少なくとも国家を意識する人間は、かなり限定されていた。ヨーロッパでも、国家の形態は多様であったが、これは同じであった。

しかし近代的な「中央集権的国家」となると、誰もが「国籍」という形で国家を「所有」し、折に触れて国家を意識するようになった。日常生活が国家の施策によって左右されるようになったからである。それは近代国家の生い立ちからして当然であった。

近代国家は一般的には、フーコー（M. Foucalt）の考察のとおり、読み書きそろばんや集団行動の規律など、産業社会に役立つ人間を、教育し訓練する機能を担ってきた。つまり近代的中央集権国家は、近代的な産業社会の指導層が、産業を発展させるために形成したところの「人工的な政治単位」である。

こうした国家が、産業社会に役立つ人間を形成するために、同時に中央集権を強固にするために国民を教育し、さらに「国家文化」を形成した。したがって国家文化は、意図的に創られた文化であり、自然発生的に形成された「地域文化」とは性質が違う。

民族と文化

ナショナリズムを形成するもうひとつの要因の「民族（nation）」とは何か。ヨーロッパ中世の大学には全ヨーロッパから学生が集まってきたが、彼らは大学の外では、出身地が近く、言語や生活習慣を同じくする学生と[illegible]集まって、それぞれ「郷友会」をつくって交流した。そして、この郷友会を「ナチオ natio」と呼んだが、これが nation の語源である。言うまでもなく、この郷友会は自然発生的であり、人工的な集団ではなかった。しかし近代国家の成立とともに、この延長線上に今日の「民族（nation）」の概念が生まれた。

ところで世界中のエスニック集団は、国家や民族の数より遥かに多いことからも分かるように、エスニック集団（ethnic group）は必ずしも民族ではない。民族が形成されるためには、ゲルナーの主張の通り、また郷友会の性質のごとく、少なくとも共通な「文化」と、共通な「意志」の二つの要素が不可欠であり、これらが重なると民族が「人工的」に形成される。

民族の根底には、まずは同じ文化を共有するという事実がある。すなわち宗教をはじめ同じような考え方があり、言語など同じ記号や連想によって、コミュニケーションなどの行動パターンも類似している。加えて民族の根底には、もうひとつ同じ民族に属しているという人々の意識があり、この意識が、民族としての信念と忠誠心および連帯の意志を形成している。これらの民族の二つの要素は、近代国家による教育によって、いっそう強固にされた。

さて、このような国家と民族とが形成するナショナリズムは、一方で国家の中に異文化の集団がいる場合、これを排除する傾向となる。他方で国家の外に、自分たちと同様な文化の集団がいる場合、国家の領域を拡大して、これを包摂しようとする。いずれの場合も、ナショナリズムの衝突が生じ、戦争の勃発となりがちである。

グローバル化とローカル化およびエスニック集団

二〇世紀の第4四半世紀ころから世界的に、一方でグローバル化が進展し、他方でローカル化も進んでいる。国家は、一方で現在の経済規模からすると小さすぎる社会単位であり、他方で「参画型の民主主義」にとっては、大きすぎる社会単位であるからだ。

ちなみに真の民主主義は、「支配者と被支配者の一致」であり、それは参画型の民主主義にほかならない。いずれにせよ今日のグローバル化とローカル化の進展は、方向が正反対であるが、双方ともに国家の垣根を低くする。したがってこれらの動きが、ナショナリズムの衝突や戦争の可能性を小さくしてきた。

しかし、経済グローバリズムの弊害も大きい。現在でも多くの途上諸国が、中央集権国家を強化することによって、この経済グローバリズムに対応しようとしている。それゆえ依然として、ナショナリズムの衝突による戦争の可能性も小さくない。さらに、たとえばチェチェン紛争のように、現在進行している「近代的中央集権国家形成」のプロセスが、「民族・文化衝突」を強める結果、戦争にいたるケースも少なくない。アフリカの多くの紛争のなかにも、この類がある。

他方で先進諸国におけるローカル化が、エスニック集団を再び呼び覚まし、紛争をもたらす可能性もある。たとえばカナダのケベック州やスペインのバスク地方さらには北アイルランド紛争など、これらは近代国家の中に吸収され、すでにエスニック集団の枠組みは溶解されたはずであるが、今日のローカル化の趨勢の中で、再び独自の文化を主張し紛争を引き起こしている。

また、アフリカ諸国をはじめとする「近代国家形成途上国」においては、たとえばソマリア、ルワンダ、コンゴ、シエラレオネなどの内戦に見られるとおり、エスニック集団間の紛争が後を絶たない。

閉鎖的道徳と二項対立思考および愛の飛翔

現代世界の趨勢を鳥瞰すると、このように紛争や戦争の可能性は、まだ至る所にあり、それゆえ「日本国憲法の九条」の精神を、世界に広めることが急務である。とりわけ人々の意識改革が、不可欠だ。

ベルクソン（H. Bergson）によると、道徳の源泉は「社会」と「愛の飛翔」の二つであるが、前者による道徳は、家族から国家や民族まで、それぞれの地域の慣習にもとづいており、それぞれの「社会の維持」を目的としているから、いずれも閉鎖的であり、抑圧的ないしは不自由な道徳となる。

これに対して「愛の飛翔」による道徳は、本能の必然性や法に縛られず、物的な事態やそのメカニズムを超えた「価値理念」である。それゆえ、これは開かれた道徳であり、普遍的な人間性と愛に基づいた絶対的な道徳であるという。

われわれは民族や国家その他の「集団的」かつ「限定的」な共同体や社会において生活し、真の「エラン・ヴィタル（生の飛翔）」に到達しがたい。このような集団的限界を突破するためには、集団的な連帯や愛を超えた「全人類的な愛による創造」をめざすところの「エラン・ダムール（愛の飛翔）」が大切である。

ちなみに「エラン・ヴィタル」は、全ての生命の根源にある生命、あらゆる個体的生命を生み出す

「普遍的な生命」の飛翔を指す。

ベルクソンによるとエラン・ダムールは、エラン・ヴィタル（生の飛翔）の障害となっている「知性の限界」をも突破できるという。それは、普遍的な宗教とも言える「愛の飛翔」にほかならないが、実際に多くの人々が、国境を越えるボランティアとして、これを実践している。

ところで知性を体得するには、物事を分別する「悟性」の働きが不可欠であるが、この悟性による判断が、一方で科学技術を発展させ、他方で「二項対立思考（二分法思考）」をも強めてきた。たとえば日本は明治維新以来、西欧の科学的思考を懸命に取り入れてきたが、明治初頭から現在まで続いている二〇年ないし二五年ごとの「日本の国際化とナショナリズムの揺れ動き」は、この二項対立思考によって助長された。これが、日本を戦争に突入させた主要因のひとつである。

いまや人類は戦争ばかりでなく、環境問題をはじめとして決定的な危機に瀕しているが、それは「二項対立思考・科学技術」と「閉鎖的な道徳」がもたらしたと言ってよい。しかし科学技術を放擲することもできない。したがって「知性の恩恵」を「エラン・ダムール」で包み込み、さらに「エラン・ヴィタル」に接近する姿勢が不可欠である。

この「エラン・ダムール」は、決して不可能な説教話などではない。ユング（C.G.Jung）の「共同体無意識（集合無意識（das kollektive Unbewußte）」や「無意識的共同体（das unbwußte Kollektive）」によれば、これが人類の最深奥の無意識のレベルに根ざしていることが理解できるであろう。

古典はどのような内容にせよ、たとえばナショナリズムや戦争などの事実を捉え、それに関する問題意識につなげながら読み込むと、良く理解できよう。これが社会哲学考究の基本的な姿勢である。

9　政党政治と議会制民主主義

平等主義と合従連衡政治――政治と国民性

何処の国でも時折、人格や見識および指導力が問題視されるような政治リーダーが出現するが、最近の日本では、様々な理由から短命内閣が続き、これが問題視される。しかし実は、外国でもフランスやイタリアなどでは、これらの国民の「永年の習性や性格」つまり「エートス」からして「合従連衡内閣」や、半年しか持たない内閣ということも少なくなかった。

これらの国に支配的であった「カソリック」の教義は「神の下における平等」であり、教会の儀式（サクラメント）に参加すれば、誰もが平等に救われるということである。こうした教義により永年の間に形成された国民のエートスは、何よりも「平等」を重視し、したがって逆に「リーダーシップ」を認めがたい。政治においても同様である。

当然ながらリーダーシップに欠ける政党政治は、二大政党を形成し得ず、常に小党分裂状態となる。それゆえ内閣は「合従連衡」となり、概して弱い内閣、短命内閣となりやすい。ただしこの状況が繰り返されるとその反動として、たとえばナポレオンやドゴールに象徴されるように、例外的な強力なリーダーシップが生まれることもある。

多様化する価値観――崩れるリーダーシップ・二大政党政治

プロテスタントのルターやカルヴァンは、カソリックの教義に抗議（プロテスト）した。カソリックの教義は、サクラメントへの参加によって、要するに「人間の努力や理性により」救われるというが、これは「人間が傲慢になった証拠であり、神はこの傲慢さを罰してアダムとエバをエデンの園から追放し、人間に原罪を課した」とプロテストした。

しかし他方でルターやカルヴァンも、「人間の救済」について説くが、これは「予定説」といわれる。神は絶対であり、神の目からすると、地上は「無、ゼロ」に等しい。ゼロは何乗してもゼロ。それゆえ「救済」は、人間の努力や理性的な行動の結果とは無関係である。救済は、神が「予め救済する者を選び決定している」ことに拠るという。この予定されている者だけが救われるというのが、プロテスタントの教義である。

イギリス、アメリカ、ドイツなど「プロテスタント」が支配的であった国民のエートスは、ここから強烈なリーダーシップを容認する。このような教義は「選びの思想」を産み、階層社会を形成する。現在でもイギリスは、サーやナイトの称号に見られるように、階層社会の色彩が濃い。この点からして政治に関しても、選挙で選ばれた政党のトップは、特別な人だと思われがちだ。そうした国民のエートスから、政党のトップは徹底的なリーダーシップを認められ、複数の政党は結局のところ対極的な二大政党に収斂する。

議会制民主主義の模範とされる「二大政党のイギリスの議会制」は、このようなプロテスタントの教義に由来する。しかし最近はスウェーデン、ドイツ、イギリスなどプロテスタントが支配的であった国においても、二大政党が崩れてきた。それは文明の成熟にともなって、人々の価値観が多様化してきたからである。

このように政治も国民のエートスと大いに関係する。しかし現在では国民の価値観も多様化している。したがってイギリス流の二大政党論を普遍化し、これが唯一正しい議会制民主主義だということはできない。

日本になじまない二大政党――五五年体制はあったか

今日の世界中で勃発している地域紛争や、アラブ諸国の混乱を目の当たりにして、宗教の教義や倫理と国民のエートスとの関係、さらにそこから生じた生活パターンおよび政治や経済システムに関する理解が、きわめて重要となってきた。

日本はどうか。日本人は「八百万《やおよろず》の神《かみ》」に培われたエートスゆえ、カソリック諸国と同様に「リーダーシップ」を認めがたい。それゆえ元来、多くの日本の政治学者が主張する「二大政党論」の土壌はない。かつての自民党や社会党は、その中の諸派閥が実質的にそれぞれ政党であり、それらの合従連衡に拠って内閣を形成した。したがって「五五年体制」つまり「自民党と社会党という二大政党時代」があったとは、実質的には言えない。

ところが近年の「選挙制度改定」は、この点と「価値観の多様化」とを無視して「交代可能な二大政党」を創ろうとし、小選挙区制にちかい制度とした。その結果「死に票」が多くなり、大衆の政党離れも進み、望ましい「合従連衡」も難しくなった。

他方でこの制度が「自民党から民主党への政権交代」に貢献したとも言われるが、その交代はむしろ小泉政権の格差助長策の後遺症と、「マスコミも加担ぎみの小泉独裁」を許した自民党諸派閥の自滅であった。日本人のエートスと価値観の多様化とを考慮すると、複数政党が見解を調整して成立する、望ましい「合従連衡内閣」を形成することが重要である。

与党は言うにおよばず、いずれの政党も支持勢力も、この自覚が大切だ。また、たとえばサッチャーやレーガンあるいは小泉政権が残した、これらの国の混迷と格差社会から明らかなとおり、強い一大与党の政治が望ましいとは限らない。さらに二大政党の交代が繰り返される政治の下では、政策が極端に揺れがちだ。この欠点も認識すべきである。

組織化された大衆民主主義

議会制民主主義は形式的には「自由討論」と「多数決」および議員は全国民の代表という「代表制」の三つの原理から成り立っている。しかし国会議員は政党の「政治綱領」や「マニフェスト」に縛られ、自由討論はきわめて限定される。また国会議員は実質的には、全国民の代表でなく、政党の全国組織の、さらには農協、医師会、労働組合など利益者団体の代表だ。

それゆえ国民も、国会に自分たちの意見や利益を反映させるために、利益を共通にする者どうしの組織を形成し強化して、この組織力で国会に議員を送り込む。要するに民主主義は、「組織化された大衆民主主義」となっている。

こうして議会制民主主義は、いずれの国においても、実質的には三本柱のうち「多数決原理」だけが機能している。ここから「少数派の意見も尊重される」ことは絶対にあり得ず、それゆえ「数は力なり」となり、そのために金権政治体質ともなりがちだ。マスコミに登場する政治論はこのような論理的な理解に欠けるから、不毛な形式論ばかりで、政治改革を促すこともできず、一方的に情緒的に大衆を煽る主張が少なくない。

ちなみにマックス・ウェーバーは、「結論は与党の意見に最初から決まっているゆえ、国会は茶番劇だ」と批判した。またイギリスは国会議事堂を戦災の後で建て替えたが、元のとおりの四七六座席しか設けなかった。しかし、この時すでに国会議員は六一五議席となっていた。なんと国会の討論が軽んじられていることか。こうして見ると「二大政党政治」に比して「合従連衡政治」の方が、「自由討論の場」の可能性が大きいと言えよう。

経済社会協議会——公共性の体現

ヨーロッパでは、議会制民主主義のこのような欠陥が六〇年代から反省され、今やこれを補う制度が、殆どの国において導入されている。それらは国によって多少の違いはあるが、一般に「経済社会協議会」と言われる制度である。

これは「組織化された大衆民主主義」の状況を踏まえ、それらの利益者代表が一堂に集まり、重要な経済社会問題について徹底的に話し合う制度である。それぞれの利益者代表は、それぞれの立場から発言するが、これが常に公開される。その結果、どの代表も自分たちのエゴばかり主張するわけにいかない。こうした討論は、最終的には必然的に「公共性」を体現する結論へと導かれる。

この結論が議会に上程されるゆえ、議会はこれを尊重し、これに基づいて議論し、最終的な結論を出せばよい。議会が「会期」や「知見」に制約されても、すでに「経済社会協議会」で十分に話し合われているから、これをカバーすることが出来る。ＥＵ諸国では、この制度を市のレベル、州のレベル、国のレベル、ＥＵ全体のレベルで導入している。

民主主義とは「支配者と被支配者の一致」ということであるが、そのためには「地方分権化」とならんで、このような「経済社会協議会」が不可欠である。

10　抽象的思考と具体的思考

アラブ・イスラム世界の三つの信条

二一世紀は、波乱の世紀を予告するかのようなテロとの戦争の「初年」であったが、ブルネイのアセアン一〇か国首脳会議で、マレーシアのマハティール首相とインドネシアのメガワティ大統領は、断食月(ラマダン)におけるアメリカのタリバン空爆に反対した。イスラム教にとってラマダンは、もっとも神聖な儀式のひとつであり、これを妨害するものに対しては報復すべきことが、コーランに書かれている。

アメリカはイスラム教徒を敵にするのではないというが、ラマダン中の攻撃は、長期的にイスラム世界全体を敵に回し、「文明の衝突」が現実化しかねない。そもそもイスラム大衆のほとんどが、次のような経緯から反米的であるが、それがいっそう強まっていく。

ＥＥＣやＡＳＥＡＮなどのリージョナリズムの流れを受けて、アラブ地域も一九六五年に「アラブはみな兄弟」という「アラブの大義」にもとづいて「アラブ共同市場」を形成した。ところが当時のエジプト大統領ナセルは、この「アラブの大義」に反対して「アラブ民族主義」を唱えた。

これは、平等主義のイスラム教のアラブ世界の中に、王政が存続することは許されない、それゆえすべてのアラブの国が共和制となったときに、アラブはひとつに統一されるという主張だ。この「アラブ民族主義」の思想を受け継いだのが、エジプトのサダトでなく、イラクのサダム・フセインであった。

だがもう一つ、アラブだけでなく世界中のイスラム教徒が団結すべきだという「汎イスラム主義」の思想も根強い。これを徹底させたのが、イランのホメイニ師に代表された「イスラム原理主義」である。アフガンのタリバンは、この流れから出ている。イスラム原理主義は、西洋文明に対し、「コーラン」にもとづいた世界秩序を作り上げるべきだという。

このようなイスラム原理主義とアラブ民族主義の相違が、一九八〇年のイラン・イラク戦争をひきおこした。そこでフセインは、ひとまずアラブ民族主義の自説を引っ込め、クウェートとサウジアラビアの国王から借金をし、このカネでフランスやソ連などから武器を買い込んでイランを叩いた。こうしてイランからの恐れがなくなると、彼は再び「アラブ民族主義」に戻り、自分の手によるアラブの統一を夢見るようになった。

湾岸戦争の根本的理由

東西冷戦の終結とソ連・東欧の自由化は、このサダムの野望にチャンスを与えた。ソ連・東欧諸国の自由化により、ここから二百万人のユダヤ人が出国し、ヨルダン河西岸地区やガザ地区とゴラン高原に入植すると見られた。

これらの地域は、イスラエルが、第三次中東戦争の一九六七年以来不法占拠しつづけている。それは、アメリカの容認的態度ゆえに、国連も動けないからだ。これはアラブの大衆にとって、最大の屈辱である。そこへユダヤ人が入植してくるから、これを食い止める可能性を持っている唯一のアラブ人、サダム・フセインに対するアラブの大衆の期待が強まった。

フセインはこの人気を利用して、アラブ民族主義を推進し野望を遂げようと、クウェートに進軍した。こうした複雑なパレスチナ問題、アラブの大義、アラブ民族主義、ユダヤ人の入植、汎イスラム主義を無視して、父ブッシュ大統領は、フセインを叩くために出兵した。

なぜなら父ブッシュ大統領は、不況と息子ブッシュ（後の大統領）の刑事事件とで、人気が急激にきわめて低落したから、そのためこれを挽回する起死回生の一打として、イラクに出兵した。これが湾岸戦争であった。しかし他方で、アメリカはソ連に対抗し、アフガンではタリバンを支援してきた。アメリカの政策は、このようなご都合主義の中東政策であり、またアメリカ流グローバリズムがもたらす「世界的困窮化」を無視しているから、きわめて危険である。

ではこのグローバリズムが世界を席巻してきたのは、なぜか。それは主として、第二次世界大戦後の〝パックス・アメリカーナ〟ゆえに、「アングロサクソン流経済学」が世界を席巻しているからだ。それは、日常生活をもっぱら「市場」や「効率」と結びつける抽象的な思考にすぎない。多くの知識層が、この経済学に囚われ、抽象論に終始し、具体的な哲学的思考ができなくなってしまった。

このように述べると、哲学こそ抽象的思考で、具体的な問題に応えることができないと言われがちだが、そうではない。この非難に対して、ヘーゲルが「抽象的に思考しているのは誰か」というエッセイで、およそ次のように反論しているが、まことに正鵠を射ている。

卵売りのお婆さんが、ある娘に「卵が腐っている」といわれたことに腹を立てて、娘に対して罵詈雑言を浴びせる。「お前、何様のつもりだ！　お前の親父は、道路でのたれ死んだじゃなかったのか、お袋はフランス人と逃げ、お前の婆さんだって貧民救済所で死んだはずだ、その派手なスカーフも帽子も、将校から貰ったんだろう」と、大体こんな調子である。

要するに卵売りのお婆さんは、この娘のすべてを、自分の卵を貶められたことに結びつけて、一方的一面的に捉えている。ヘーゲルは、よくありがちなこのような日常生活の思考を、抽象的な思考という。これに対して哲学は、すべてを客観的に具体的に思考すると主張した。「抽象的に、いつも一面的にしか思考しない人は哲学者ではなく、俗人であり、さまざまな事物を本質的に、統一態において、具体的に思考するのが哲学者だ」と。

アングロサクソン流の経済学にかぎらず、今日多くの社会科学が、このような一面的な短絡的な抽象論に陥っている。その弊害がますます大きくなってきた。これを克服するために「哲学的思考」を身につけることが大切である。そのためにも社会科学の古典を学び、これについて、じっくりと考えることが不可欠である。

11 「必然・自由・偶然」と「科学・哲学・道徳・宗教」

必然と偶然

イラクのクウェート進出は、一九九〇年代の世界史を暗示した。この事件は、米ソの対立が溶けた九〇年代の開幕と共に勃興したがゆえ、「歴史の先行き如何」の意識を世界中に引き起こした。サダム・フセインは既述のとおり、アラブ世界の統一を目指す「アラブ民族主義」を信奉する。それゆえ彼が、クウェートやサウジアラビアの王制を打倒することは「論理必然」であった。全てのアラブ諸国が共和制となることが、統一の前提条件と考えたからである。しかしこの時期になぜかというと、これは歴史の偶然というほかはない。

前節で述べたとおりソ連・東欧の自由化によって、多数のユダヤ人がここから出国し、ヨルダン川西岸地域やガザ地域に入植しはじめた。このことが湾岸危機の直接の契機になった。この地域は、イスラエルが一九六七年以降、不法占拠したままとなっており、これは、アラブ民族の歴史にとって最大の屈辱の一つである。

そこへユタヤ人の入植が始まったのであるから、これを食い止める可能性をもっている唯一のアラブ人、サダム・フセインに対するアラブ大衆の期待と信頼が、きわめて高まった。サダムはこの人気を利用して、まずはアラブ民族主義を推進したのである。したがって九〇年の湾岸危機は、「アラブ民族主義」の必然性に、これとはまったく無関係であった「ソ連・東欧の自由化」の必然性が、偶然に重なったために生じたと言えよう。

世界史がこのように「必然と必然の交」である「偶然」と「必然」とが織り成す結果であると同様に、われわれの「生」もまた必然と偶然の錯綜である。否、むしろ各人のこの錯綜ゆえに、「世界史の変遷」が生じる。しかし必然と偶然の錯綜は、「自由」を媒介としている。「必然」と「偶然」および両者の間に存する「自由」の三つが、われわれの「生」を形成し左右する。

パトスとロゴスと科学

人間はだれしも〝生きたい〟という願望「エロス」（フロイトS.Freud）を持つ。それは理屈抜きの「パトス」である。また深層心理では〝死にたい〟という願望「タナトス」（フロイト）もあるという。おそらく両者は一体のものであろうが、これらはいずれも生来の感情でありそれを「パトス」といっても、「原始意欲 Urwille」（シェリング）といっても、「力への意思（Wille zur Macht）」（ニーチェ）と言ってもよい。

このようなパトスは当然ながら、〝より良く生きたい〟〝より良く死にたい〟という思いに結実するが、この〝良く〟は単なるパトスだけに由来するものではない。そこには価値判断をはじめ、もろもろの人間の「ロゴス」の作用が働いている。したがって人間はパトス的であると同時にロゴス的であると言える。

ではどうしたら〝より良く生きる〟ことが可能か。このために、われわれは自分ばかりでなく他人の経験や、また現在ばかりでなく過去の経験からも学び、「因果必然の系列」を発見する。このような「発見」が体系化されて、「科学」が導かれるが、これはロゴスの働きに依存する。したがって、われわれは良く生きるために、すでに触れたとおり、まずロゴスにより科学を構想する。そして科学がわれわれの可能性、つまり一層広い自由を導く。

自由と技術と哲学

しかし、それにしても経験や科学で探求された多数の「必然の系列」のうち、いずれを選択するならば、「より良い生」となるのか。この「選択の自由」こそが、第一の自由にほかならない。われわれは日々、一定の「価値判断」に基づいて、この選択を決断し生活する。人間の自由は、先ずこの「選択の自由」以外にはあり得ない。

しかし他方でわれわれは、既存の「必然の系列」を選び採るだけでは満足しない。そこで第二に、この必然の系列を変容させようとする。言うまでもなく必然の系列を、それ自体として完全に変えることはできない。それは、いくつかの必然の系列を組み合わせることに拠って可能となる。

このような「必然の変容」の自由を遂行するものが、技術にほかならない。この技術には、生活や事業の工夫あるいは政策など社会的技術と自然科学的技術の双方があるが、こうした技術の適用の背徳には、やはり一定の「価値判断」が働いている。

われわれの自由は、難波田の指摘のとおり、具体的には、これら「選択の自由」と「必然の変容の自由」の二つであるが、これらはいずれも「価値判断」を前提にしており、したがって「哲学」の上に成り立っている。科学は価値判断については語り得ない。他方で哲学も「ロゴスの働き」に基づくが、それは科学に向けられるところの、分析的なロゴスの「ラチオ（ratio）」の働きばかりではなく、より総合的なロゴスの「インテレクトゥス（intellectus）」の働きによるところが大きい。

偶然と運命

ところで世界史の中で、あるいは一人の生涯の中で、このような自由の領域は、決して広くはない。必然の系列の探求と、その選択および変容、つまり経験や科学、技術ならびに哲学に基づいた「歴史」や「生」は限られている。しかも、どんなに厳密にロゴスを働かせて選び採った必然の系列であっても、全く予期しなかったところの〝別の必然の系列〟によって、それが横切られることが少なくない。このような予見不可能な「必然の系列の交」が「偶然」であるが、これは世界史においても、人生においても、しばしば決定的な作用を及ぼす。この「偶然」によってわれわれに「運命」がもたらされる。

われわれはこの運命に対して〝人間万事塞翁が馬〟と達観しうるだろうか。あるいはどんな運命に遭遇しても、使徒パウロや南アのネルソン・マンデラのごとく、〝心の自由は誰も拘束しえない〟と屹然としていられるだろうか。

自由と道徳および宗教

先に述べた「選択の自由」と「変容の自由」の二つをいっそう突き進めて、どのような「必然」にも「偶然」にも囚われないところの強力な「意志の自由」もしくは「心の自由」を確立することも、不可能ではない。これを第三の自由と言ってもよい。しかし他の二つの自由とは次元が異なるから、これをカントに従って「道徳」の領域に入れることもできよう。

しかしそれは、一般の人間においては、何らかの「心の癒し」さらには「宗教」を前提にしないかぎり、得られない自由だと言えまいか。いずれにせよ第三のこうした自由は例外的である。一般的には「宗教」が「運命」に関して「心の救済」(シェーラー)を与えてくれる。この「宗教による救済」が、われわれをして「運命」を受容しやすくし、さらに「運命愛(amor fati)」に導く。

偶然はロゴスでは捉えられないし、ロゴスで割り切ることもできない。しかも偶然は、人生や歴史の中で圧倒的な重みをもつ。それゆえ、われわれは偶然に遭遇して、ロゴスの論理とは異質な宗教を要請せざるをえない。宗教は、しかしパトスの発想だけでもない。「ロゴスとパトスが渾然一体」となって〝運命に立ち向かう〟ために構想された「認識論」と同時に「実践論」にほかならない。したがってこれは、必ずしも既成の宗教だけではない。理性と情熱が心に描く「各人独自の物語」と同時に「実践論」である。人間と世界史の本質は、パトス的であると同時にロゴス的である。

12 理論とファクツおよび内観的考察

科学の「専門特化」と「総合化」の双方の再考

今日の文明の危機に対しては、自然科学ばかりでなく社会科学も大きな責めを負う。科学は一面で、専門分化し特化することで進歩してきた。しかしこれに伴って社会科学は、現実の社会と乖離し、また社会を全体としてではなく、部分的に認識し、部分の最適化をはかる傾向を強めてきた。だがボールディングが指摘したとおり、しばしば「悪魔は部分の最適化」であり、こうした社会科学の展開も、全体として近代文明の破壊を助長している。

この点を反省して、六〇年代中葉から「社会科学の総合化」が課題とされてきた。〝インター（inter）〟さらには〝トランス（trans）〟ディシプリナリー（disciplinary）な「学際的」探求が、社会科学にも不可欠だという認識が一般的となっている。だがこれに関して、十分な成果はなお上がっていない。

たとえば経済は「交換の正義」による「効率」を、政治は「分配の正義」による「平等」を基本原理とし、両者は相矛盾する局面が多い。それゆえ経済学と政治学とを整合的に総合化する「政治経済学」を構築することは容易ではない。敢えて整合的な政治経済学を試みると、それは内容空疎な形式論に陥る。

アングロサクソン流の「公共経済論」などのように、「投票形式」を経済学的に検討し、また合理的な「期待形成」や「囚人のディレンマ」を指摘することに、どれだけの意味があるだろうか。もっとも幾つかの仮定を設けながら、このように厳密な思考を訓練することも、単純な「市場理論」や「民主主義論」を考え直す契機となるから、すべてが無駄とは言えまい。それにしても幾つかの社会科学を、内容を伴いながら「学際化」することは難しい。

他方で「社会システム論」による総合的アプローチは、システム論に適合し難いところの、われわれの非合理的な行為を無視しがちだ。また一定の社会システムを前提として、それに対する「個人の役割や機能」を明らかにし、これに力点を置くことから、「静態論」に止まりがちだ。これは、社会の動態的な展開を把握しえないゆえに、新未来を切り開く「学」となり難い。パーソンズ（T. Parsons）の「構造―機能分析」も、この類である。

ただしこのシステム論は、ルーマンなどの「オート・ポイエーシス論」へと展開して、社会のダイナミズムを捉える動態理論となってきた。だがこの「システム―環境論」も、理論性を重視するあまり形式論に陥っている。したがって具体性を盛り込んで、これを「政策論」に導くという困難な課題が残されている。ただし臓器も、個人も、どんな社会も、これらを取り巻く環境と交渉して絶えず変容する「システム」だという理解は、多くの示唆に富む。

同様にこの「新未来を切り開く」という点では、システム論とは対照的なフランクフルト学派の「批判的社会論」も同様に難しい。「個人」と「社会」とが相互に衝突しあいながら、社会全体が歴史的にダイナミックに展開していく。フランクフルト学派は、このような「相互否定的全体性」に注目し、この視座から、社会の「ダイナミックな把握」と「社会の現状批判」を繰り返す。

しかしこれが多くの場合、単なる「批判」に止まるため、社会批判の目的である「新たな社会形成」や「未来を切り開く」という点で、やはり具体性に欠ける。ただしこの社会批判が依拠する「個と全体」の視点、とりわけ「個人の生活視点」から、歴史的全体を批判的に捉える方法は、きわめて大切である。同時にハーバーマスなどの「コミュニケーション的行為」による「合意形成」の視点は、新たな社会形成理論として注目される。

内観的考察と社会科学の総合化

そこで今やこれらを踏まえた真の総合化が、最重要課題となってきたが、これは如何にして可能か。

子曰く「学びて思はざれば則ち罔（くら）し。思ひて学ばざれば則ち殆（あやふ）し。」

社会科学の総合理論を、抽象的に考え学ぶことも大切ではあるが、それだけでは今日の社会科学の問題を乗り越える方向にはゆかない。つねに現実のファクツを思い、これを材料に理論を理解し、検証し、修正する作業が不可欠であろう。同時にファクツの収集と整理だけでは、科学としての普遍性に欠け、ファクツの理解も進まない。

社会を多様な視点から包括的に理解して、新たな社会を切り開くには、理論とファクツの双方向的な考察が重要である。その際に現象を鳥瞰図的に捉える「外観的考察」ばかりでなく、現象のまっただ中の生活者の目線に接近して、現象の内部から光を当てる「内観的考察」が、とくに大切だ。したがって可能なかぎりアダム・スミスのいわゆる「想像上の地位転換」を働かさなければならない。

何のために、どのような環境保護が、地方分権化と政治改革が、福祉政策が、景気刺激策が、途上国経済援助が、人口・食糧政策が、等々について「現象学的・内観的視点」から考え直すとき、形式論ではなく、具体的に社会科学の総合化に踏み出してゆける。

われわれは社会の諸制度の中で、これに反発しながらも拘束されつつ生活する以外に、生きようがない。そうした生活者の視点からコミュニケーションに参加し、皆と共に考え、理想に向かって自分のできることから歩み出すほかはない。学問的態度もこれと何ら変わらない。科学と世の中の双方が、混迷を深めれば尚更である。

このように古典を読み、理論や政策を社会哲学的に考察することと、生活することとは、決して別ごとではない。

第5章　社会科学と哲学の対話

1　大学の社会における定位

自己の陶冶と広義の学問

そもそも大学とは何か。これは同時に「現代社会」が歴史のなかで「どのように位置づけ」られ、これが抱える「根本的な問題は何か」という問いでもある。そしてこの問いは必然的にさらに、そのような大学と社会の歴史的な状況に鑑みて、「社会科学」はどのような対応をしてきたのか、あるいは、どのような反省をしてきたのかという問いへと展開する。これは、より一般的に「社会科学の現代的な課題と大学の使命」ということにほかならない。

大学とは端的に「学生と教職員が一体となった共同体」であると言えるが、学生はいったい大学に何を求めているのか。それは根源的には「人生の意義」と「自己の陶冶」に関する「問いかけ」とこれに対する「解答」であろう。

このことに関して筆者は思い出すことがある。たぶん一九九〇年ごろかと思われるが、札幌農学校のクラーク博士の曾孫さんが日本にきて、彼は驚いたことが二つあると言った。一つは、日本では

"Boys be ambitious"をだれでも知っている。「少年よ、大志を抱け」いう言葉を知らない人はほとんどいなかった。これには非常に驚いたというのが一つである。

ところがもう一つ驚いたことに、その次に続く言葉を知っている人はほとんどいなかった、と言う。その次に続くのは、"not for money, not for fame"であり、富や名声のためではなく、"for attainment of all that a man ought to be"と続く。つまり「少年よ大志を抱け。それは富やつかの間の名声のためではなく、自己の陶冶のために」であるが、これを殆どの日本人が知らなかったという。いずれにしても「自己の陶冶」ということが、大学に対する学生の根源的な問いかけのはずである。

ただし大学が大衆化し、これにともなって学生が大学に求めるものは「社会へ出るパスポート」、さらには「いい企業に就職するためのパスポート」であるという考え方も広まってきた。しかし、そのような風潮に流されている学生といえども、あの「自己の陶冶」に無関心な学生がいるはずはない。それゆえ、「パスポート論」に流されている学生には、この根源的な問いを自覚させることが極めて大事である。

では、自己の陶冶に資する学問とはいったい何か。専門的なさまざまな知識を勉強することによって、そのプロセスで自己を陶冶することは言うまでもない。しかしもう一つ、自己陶冶に資する学問がある。ヤスパースが「狭義の科学」と「広義の学問」と分けて、後者は"die Idee eines Wissens"すなわち「一つの知識という理念」に導かれた諸科学の協同、諸科学の統一だという。これこそが「生とは何か」についての、あるいは自己の陶冶に資する学問である。われわれは、これら「狭義の科学」と「広義の学問」の両方を追わなければならない。

社会はいったい大学に何を望んでいるか。社会の根源的な要請は何か。そもそも憲法で学問の自由が保障され、そのコロラリーで大学の自由が保障されているが、その意義や意味は何か。それは、人間の社会である以上、利害関係抜きの、あるいは時代の流れにおもねることなく、純粋な真理を探求する時空間がぜひとも必要だとの理念に立ち、これを確保し実現するために憲法で学問の自由を保障している。したがって、われわれは時代の流れにおもねることなく、時代を批判的に認識しなければならない。これが、社会に対する大学の使命である。

しかし、この点も大学のパスポート論とならび最近では、大学は社会に役立つ人間を、しかも企業に役立つ人間を養成して欲しいということがある。この要請も理解できるが、しかしほんとうに企業に役立つ人間というのは、どういう存在か。

専門的な知識とか実用学はもちろん役立つが、もっと根本的に役立つとなると、やはり時代の流れをきちんと見つめて、自律した批判的な目を持っている人物である。こういう人材が企業の縁の下を支える、あるいは社会の縁の下を支え得る。そのような「学生の根源的な問いかけ」と「社会や企業の根源的な要請」に応えられる大学とは、いかなる大学かが問われている。

既述のとおり大学は基本的には、学生と教職員が三位一体となって協同体を形成し、それを持続させながら、これら学生および社会の根源的な要請と問いに応えていくべきである。とりわけ教員としては、よい教育者である姿勢を持ち続けると同時に、よい研究者である姿勢を持ち続けなければならない。研究と教育は一体である。

たとえば一生懸命研究してもなかなか理解が深まらず、学生に教えながら「何故これが分からないのだろうか」等々に遭遇する。そうした時に、自分の理解が深くなかった、あるいは間違っていたということに気づかされることも度々ある。したがって教員はとくに、よき教育者であると同時によき研究者であるという姿勢を持ち続けなければならない。

2　歴史における現代の定位——近代の軌跡と危機

近代化の弊害——悲観的な診断

現代は「いかなる時代」か。すでに一九二〇年代から三〇年代にかけてマックス・ウェーバーが、近代の根本的な特徴である「合理化」が進むと、「精神なき専門家」「心情なき享楽家」が蔓延してくると診断した。合理化が進むと、個人は合理的に自由を追求しようとする。それゆえ各人は専門家に、「専門分野のスペシャリスト」になろうとする。しかし、そのことによって、人間の本来的な「全人性」を失い、「精神なき専門家」や「心情なき享楽家」となるということである。

他方、社会においても合理化が進み、社会が「官僚制化」もしくは「機械化」する。その結果、各人はスペシャリストとして、大きな社会の一つの歯車として組み込まれる。そのことによって、各人が自由を追求すればするほど、逆に自由を失っていく。これは逃れようがない「鉄の檻」だとウェーバーは診断した。現在の状況において残念ながら、彼の診断がかなり的中している。

ゾムバルトも同様に、合理化と営利主義とが結合して、人間は人間を離脱するところの「人間離脱病」にかかってしまうと、近代に対して診断を下した。第一に合理的な思考によって信仰心を失うが、それは人生の意味を考えなくなることだという。第二に自然との親和的な関係が失われ、第三に人間と人間との関係も、希薄となって砂粒の関係になるという。彼はこれらを総称して「人間離脱病」と命名した。

さらに彼は、われわれは理論や情報の洪水に押し流され、それに囚われて自由な思考ができなくなってくる。これによって迷信や因習、慣習に囚われていた近代以前の人々よりも、さらに自由な発想を失う。このようにゾムバルトは診断を下したが、情報化の進展にともなって、これも、ますます妥当してきた。

ここでは、それらの観点も含め、さらに広く文明史的な流れを踏まえて、近代社会の状況と歴史における位置づけを試みる。それは「近代文明の危機」の確定にほかならない。

危機に立つ近代文明

近代文明は近代化がもたらした文明であるが、近代化に関しては三つのポイントがある。第一に物事を合理的に科学的に考えること、第二に工業化を進めること、そして第三に民主化を進めること、という三つの内容である。そしてこの三つにちょうど符号して、われわれは近代化から三つの「人間解放」というプラスを得た。

第一に合理的な思考によって、迷信や因習および慣習から解放され、事物を自由な発想で考えられ

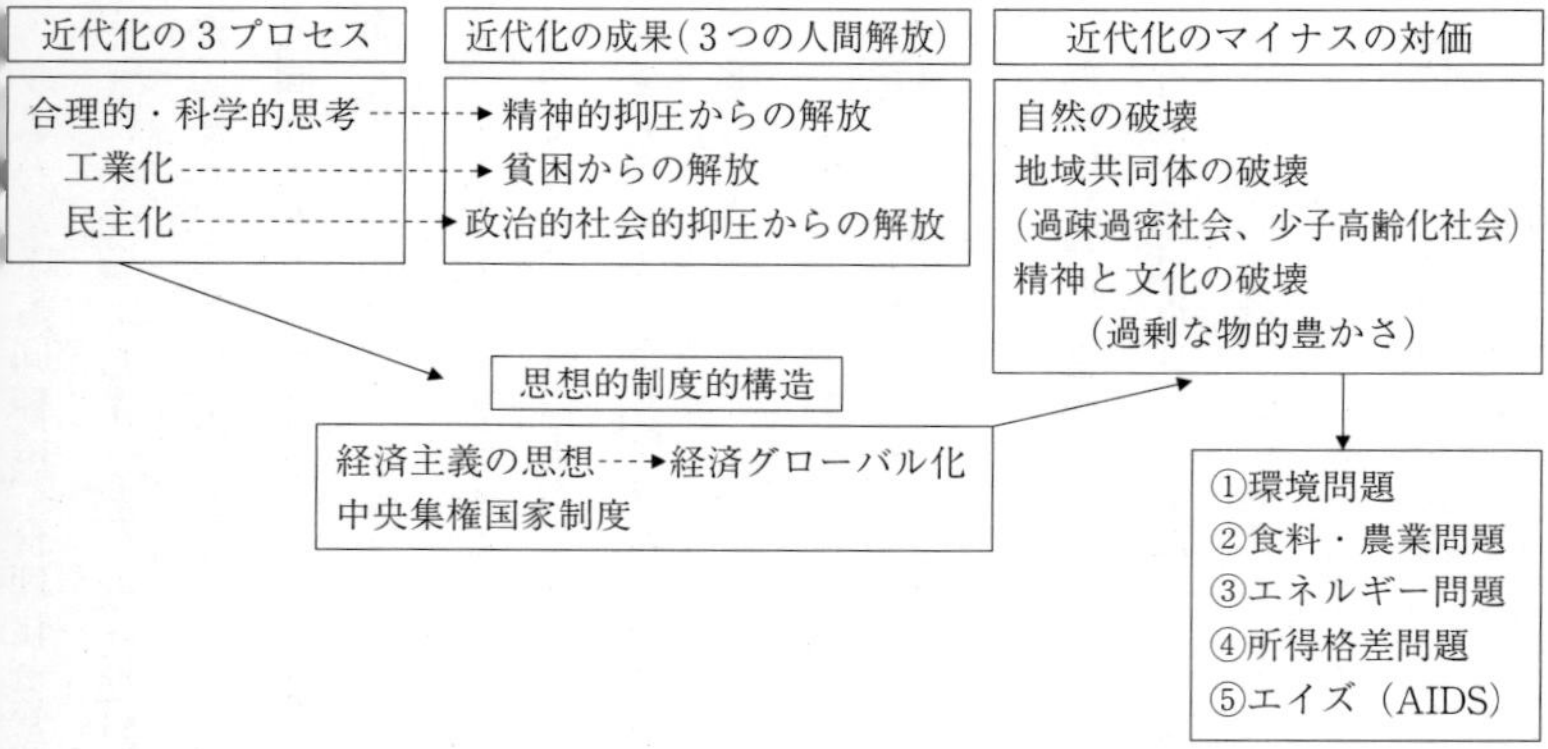

図５－１　近代文明の展開プロセスと構造および功罪

るようになった。マックス・ウェーバーは、これを「魔術からの解放（Entzauberung）」と呼んだ。第二の解放は、工業化による「貧困からの解放」であり、第三の解放は「政治的かつ社会的抑圧からの解放」である。議会制民主主義により、多くの国において人類は独裁政治から解放され、地域社会の民主化によって「家庭や地域社会による抑圧」から解放された。

ところがこの「三つの人間解放」がきわめて魅力的なゆえに、あまりにも短兵急に直線的に近代化を追い求めてきた結果、今度は近代化のマイナスの部分が次第に大きくなってきた。これが三つの破壊、すなわち「自然の破壊」「地域共同体の破壊」「精神と文化の破壊」である。このマイナスがいまや次第に大きくなり、近代化による三つの人間解放のプラスをぬぐい去って、余りあるほどになってきた。

したがって人類は、従来どおりの近代文明の歩みを続けていくことができない。今や文明の方向を転換しなければいけない。まさに言葉の正しい意味で「危機」に陥っている。

危機を意味する英語の“crisis”は、ギリシャ語のクリノー（κρίνω）に由来するが、これは分岐という意味で、「崩壊（クラッシュ clash）」ではない。ただし分岐点にさしかかって、選択を間違えるとクラッシュしてしまう。近代文明はいま、クラッシュしないように新しい方向を早急に模索しなければならない。

近代文明をもたらした究極の理念は、経済主義のイデオロギーである。思想的には経済主義のイデオロギーが近代文明をもたらした。二〇世紀には、社会主義か自由主義かというイデオロギー闘争により、人類は一世紀にわたり血を流した。しかし、これらのイデオロギーは、いずれも経済主義に貫かれている。両者に根本的に通底しているのは経済主義のイデオロギーである。これは端的に「物質的に豊かになれば、人間はそれで幸せになる」というイデオロギーであるが、これが今日の諸問題の根底にあるゆえ、このイデオロギーを変えないかぎり、人類の破滅は日程にのぼってきた。

他方で近代文明をもたらした社会の構造は、中央集権国家体制という制度である。言うまでもなく無数の人々が、各人の立場で自分の役割を果たすことによって近代化が進んだ。しかしながら、ドイツも、フランスも、イギリスも、またその真似をした日本も「中央集権国家・政府」がこの近代化の先頭に立ち旗振りをして、人々の近代化の努力を促し、その成果をもたらした。

しかし従来と同じ方向に近代化を進めると、今やマイナスの方がはるかに大きくなるという状況になった。それゆえ、これまで近代化を推進してきた「中央集権体制」を、大々的に転換しなければならなくなった。

近代国家と中央集権体制の転換

実際に今日では、そのような近代国家体制や中央集権国家体制を突き崩す動きがすでに始まっている。一つは、グローバル化というかたちで国家の垣根を次第に小さくしていく動きである。もう一つ、国内においてローカル化を進めることにより、中央集権体制を突き崩す動きが出ている。

ただしグローバル化に関しては、極端にいうと「良いグローバル化」と「問題の多いグローバル化」がある。後者は、まさに経済主義のイデオロギーを世界大に広めるグローバル化で、これまでアメリカが先頭に立って進めてきたグローバル化である。これによって先述の三つの破壊という弊害が世界大に広がってきた。そこで、それらの弊害を緩和し、除去しようとする「もう一つのグローバル化」が出てきた。その典型が、国境を越えたボランティア運動である。これもいま力強く広範囲に展開されている。いずれにしても、このような二つのグローバル化によって、近代国家と中央集権体制の垣根は次第に低くなりつつある。

他方で、ローカル化も進んでいる。ローカル化も中央集権国家体制を崩しつつあるが、これは、二つの理由によって進んでいる。一つは「本当の民主主義」つまり「参画型の民主主義」をつくろうということである。民主主義の本来の意味は、「支配者と被支配者の一致」ということである。したがって今日のように法律を、もっぱら国会や中央政府において、さらには実質的には官僚が創るというのは、本当の民主主義ではない。そこで政治と行政の中心を、住民のすぐ近くに置き、そのことによって住民参加の参画型民主主義をつくるというローカル化、すなわち「地方分権化」が進展してきた。

さらにもう一つ、ローカル文化を見直すということでもローカル化が進んでいる。もともと「国家文化」は無かった。いずれの国にも日本文化、フランス文化、ドイツ文化というような国家文化は無かったが、これらの近代国家が、中央集権国家体制を強化するために、国家文化を創り利用した。もともと文化は、たとえば会津文化、薩摩文化といったローカル色豊かなものであった。ドイツでもミュンヘンとハンブルグでは人々の気質や言葉もかなり違い、文化も異なる。しかし、そのようなローカル色の強さは、近代国家建設の妨げとなる。それゆえローカル色を削って国家文化を創り、近代国家と中央主権体制の強化を図った。しかし六〇年代のヨーロッパから、その反省が始まった。

本当の文化国家は、そんな〝のっぺらぼう〟なものではない。ローカル色豊かな文化がいっぱい詰まっている社会や国家であり、これが大切だという反省が生じてきた。そして現在は世界のいたるところで、ローカル文化を再興するというローカル化が進んでいる。

このようにグローバル化とローカル化の両方により、中央集権国家体制が突き崩されて、新しい方向へ向おうとしている。これが、現在の歴史的な状況にほかならない。

3　社会科学の反省

科学の専門特化と弊害

先に述べた「大学に対する根源的な要請」と、このような「現代の文明史的な一大転換状況」に対して、社会科学はどのように対応し、さらにどのような反省をしてきたか。

自然科学および社会科学の双方のどちらにおいても、科学を推進するのはラチオ、悟性である。われわれの認識には、第一にセンスス（sensus）つまり感性による認識、第二にラチオ（ratio）つまり分析的な悟性による認識、それともう一つ、総合的な認識つまりインテレクトゥス（intellectus）による認識がある。科学は、これらのうちラチオすなわち悟性による分別認識が形成する。

したがって科学の発展は、分別され枝分かれし、限りなく専門特化するというかたちで発展してきた。近代初期の学問は総合的であり、たとえばイギリスでは道徳哲学、フランスでは社会哲学、ドイツでは法哲学であった。ここから次第に社会科学、諸科学が枝分かれするというかたちで展開してきた。

さて、このような学問の専門特化を、科学の一定の発展として認めざるを得ないが、これが一つ大きな弊害をもたらしていることも事実である。それは現象をトータルに把握する科学が無くなってしまったということだ。自然科学であれ、社会科学であれ、現在の科学はすべてが部分的な認識で、その部分の最適化を図るということになってきている。

その結果どうなったか。部分的な認識と、その部分の最適化を追求してきた結果、近代文明はこのまま行くといよいよ人類の破滅、あるいは「宇宙船地球号」の沈没という事態が差し迫ってきた。一九七〇年代にボールディングは「悪魔は部分の最適化」であると指摘したが、社会科学もこうした弊害を克服すべきだという反省を、六〇年代ぐらいから展開してきた。

こうした反省のいくつかを例示すると、何よりも先ず経済学である。経済学における価値判断抜きの経済諸量の関数的、力学的分析はそれで問題ないのか、これが社会の悩みに応えられるのかということである。だが現実は学問よりもっと進み、変化している。

たとえばWTOは自由貿易を推進するための国際機関であり、GATTが発展してWTOができたが、自由貿易が進むことで、労働条件の下向きの競争が世界大に広まった。同時に環境破壊もきわめて大きくなった。そこで、本来は自由貿易を推進するためのWTOという国際機関に、「人権委員会」とか「環境委員会」などが創設された。これで明らかなとおり「経済はただ効率を追っていればいい」というところから脱出すべきだという反省が、すでに出ている。

では経済学の反省はどうか。経済学はとくに、物理学を手本として厳密な理論モデルをつくるところの、もっとも自然科学的な社会科学である。その場合に、カッコつきでなければそのような厳密な自然科学的な理論はできない。いわゆる「シタリス　パリブス（ceteris puribus）」つまり「他の事情が等しいかぎり」というカッコをつけて厳密な理論をつくる。

しかし現実に、他の事情が等しいというような現象はない。だから、そのカッコを外していかなければいけない。つまり経済学は経済学の枠を超えて「トランスディシプリン（transdisciplin e）」になっていかなければならないという反省が、もうすでに六〇年代から始まって展開している。しかし同時にカッコつきの理論に、ますます深く入り込む傾向も進み、これを重視する理論経済学には反省が見られない。

政治学の再考

政治学でも経済学と同様に多くの問題が浮上している。とくに政党政治論や議会制民主主義論について見よう。政党政治がたしかに議会制民主主義をプッシュしたという面もあるが、すでに論じたとおり、この政党政治の発展が議会制民主主義を形骸化させた。議会制民主主義は「自由討論の原理」「代表制の原理」「多数決の原理」の三本柱から成り立つ。しかし政党政治が発展すると、その中の「多数決の原理」しか残らない。これでは議会制民主主義の形骸化は当然である。

これもすでに触れたが、マックス・ウェーバーが指摘したとおり、議会の結論は、はじめから多数党の見解となることが決まっている。少数派が重んじられることはない。結論は決まっているのにわれわれの税金を使ってする議会は「詐欺行為」か、それが言い過ぎならば「茶番劇」とウェーバーは指摘した。まさにそういう状況がひどくなっている。

他方で国家も法治国家から行政国家に変わって、国民の様々な面倒を政治的に看るということになり、それゆえ社会は価値観を異にする多数の集団に分裂し、そして自分たちの代表を議会に送り込み「パイの分奪り合戦」をする。したがって、すべてが政治問題化してくる。しかし、ありとあらゆることを国会で決めることは不可能ゆえ、実質的には官僚に依存するところの「官僚政治」となった。

このような問題を、従来の政党政治論や議会制民主主義論でどのように扱ってきたか。これを実質的に考察するためには、政治学の枠組みを超えて、経済学や社会学の方向に、また同時に社会思想や社会哲学にトランスせざるを得ない。そうした反省も政治学の中ではずいぶん出てきているが、依然として民主主義論や政党政治論など形式論も少なくない。

企業の営利性と社会的責任および商学の再考

商学に関しては「企業の営利性」と「社会的責任」ということが最大の問題である。最近の日本企業では、アメリカナイズされた中堅および大企業が「株主利益」を大きくする傾向を強めている。二〇一〇年までの一〇年間で、資本金一〜一〇億円の中堅企業は「株式配当」を六倍超に増やした。しかし、そうなればなるほど逆に、企業は株主のものなのかという疑問が大きくなり、企業はステークホルダー（stake-holder）つまり「全ての企業関係者」のものだという主張も強くなった。従業員、経営者、株主、消費者、さらにはその企業と関係する多くの他の企業など、全てのステークホルダーのものだという主張である。

そこで企業は「コンプライアンス（法令遵守）」は当然のこと、それに加えて「社会的責任」を果すべきだということが言われる。それどころか最近は、「フィランスロピー」といわれる慈善事業、あるいは「メセナ」といわれる文化事業もすべきだということになってきた。既述のとおりである。とくに「社会的責任投資（ＳＲＩ）」は、企業の法令遵守（コンプライアンス）は当然であるが、さらに「従業員の労働条件」や「環境」に配慮する経営をし、いわゆる「社会的責任」を果しているかを問題とする。そして、このような「社会的責任を果している企業の株式だけを買う」というのが「社会的責任投資」であり、すでに見たとおり、その規模は次第に大きくなってきた。

これからも分かるように、企業の営利性と、社会的責任もしくは公共性は、現実の企業経営の中で結びついていく。それを学問が後追いしている。したがって商学は商学を超えて、「営利性」と「道徳・公共性・社会的責任」との両立を図るための学問にならざるを得ない。

ただし、言うまでもなく企業の社会的責任のなかで、最大の責任は、企業を継続して従業員と家族を食べさせていくことだ。その他いろいろ社会的責任があるが、まず企業を継続させる努力が、企業の社会的責任のかなり大きな部分で、非常に重要である。

その場合、企業努力だけで、企業の継続とそれ以外の社会的責任とを両立させ得るか。これが難しいことも少なくない。そこで「社会的な制度」の中で、たとえばイギリスの場合には、「年金基金」は、可能な限り「社会的責任投資」で運用すべきと法制化した。そこで全年金基金の八〇％が社会的責任投資となっている。ドイツでもオーストリアでも同様な法律をつくって社会的責任をプッシュしている。

アメリカでは、そのような法制化は無いが、個人や基金が自発的にやっており、運用資金の一〇％が社会的責任投資となっている。営利がないと企業は続かないが、同時に社会的責任を果さなければいけない。したがって、このように社会の仕組みの中で、それを工夫していくことも不可欠である。

ところである会計学の専門家によると、「会計学とか簿記はただ単に数字を見て計算するだけではなく、その数字の背後にあるところの、たとえば中小企業の従業員の血と涙の結晶を見る」という。あるいは「その経営者がなぜ自ら命を断たねばならなかったのか」が、その数字に表われているが、そこを読み取るのが会計学であり簿記だという。

そうだとすると会計学や簿記も、従来の商学の範疇に止まらず、総合的社会科学であるし、またそうなるはずである。そのように商学は商学を超えることによって、意味のある現実の科学になり得る。

現在の法学の主流は、「法実証主義」であるが、そこで問題になるのは「合法性」と「正当性」の混同ということである。ここではこの問題を「水俣的構造」という例で示そう。

水俣病は「チッソ水俣工場」が有機水銀を流しており、それが水俣病の根本原因であることはかなり前から明らかであった。宇井純をはじめ若干の人が、それを早くから告発していた。ところが当時の厚生省と通産省は、もっと広い範囲の検証が必要であるということで、有機水銀垂れ流しを規制する法律をつくらなかった。その結果、水俣病が公害病と認定されるのに一二年もかかってしまった。言うまでもなくチッソ水俣工場は、合法的であるということで有機水銀を海に流し続けた。

たしかに合法的であるということは、社会的営為の必要条件であるが、この例から明らかなとおり、それは十分条件ではない。にもかかわらず、あたかも合法的であることが必要十分条件であるかのように、つまり「合法性」と「正当性」が等しいことであるかのように認識される。このような言わば「水俣的構造」が、さまざまな社会問題、たとえばアスベスト問題、医療問題など多くの社会問題を引き起こしてきた。

この「水俣的構造」に対して、「実証主義法学」も責めを負っているはずだ。実定法の背後にはもっと「普遍的なもの」があるのではないかということを考えるべきである。そこで、たとえばカウフマン（A. Kaufmann）は「法の存在論的性格」ということを強調する。法の背後にある「普遍意思（volonté générale）」や、倫理的な価値観を明らかにすべきで、実定法だけで考えてはならないという。

また法実証主義のチャンピオンの一人であるケルゼン（H. Kersen）も、実定法にも最小限の形而上学が不可欠であり、経験の中にない根本規範（グルントノルム Grundnorm）を前提にしなければならないという。ただし、このグルントノルムが何かということに関しては、見解の相違がある。

しかし少なくともローティー（R.Rorty）が主張した「文化や信条や宗教の相違を超えた、共通な生の条件と痛みの回避とを最重視する倫理や道徳」は、グルントノルムだと言えよう。生の条件と痛みの回避のための「自然的条件」と「人間的な相互扶助」は、たとえ実定法に規定されていなくとも「グルントノルム」に相違ない。

さらに「聖なるもの」つまり「自然に対する畏敬の念」もグルントノルムである。畏敬の念という非法律的な用語であるが、そのポイントは二つある。第一に「見える自然」に対しては、単なる機械論的な見方だけではなくて「エコロジーの観点」からも把握する。第二に「見えない自然」について考慮する。それは、「自然の背後にある意味」を考えるということであり、「自然総体の生命の流れ」ということについて考えることである。

自然についてどういう観念を持つか。少なくとも近代以前の人類は自然についての一定の観念、物語を持っていて、それによって自然破壊を抑えてきた。今日もう一度、そういうものを見直さないかぎり、ここまで破壊された自然は、立ち直れない。したがって、このような意味における「聖なるもの」も、グルントノルムの一つだと考えられる。

内観的考察と外観的考察

社会学の再考については、少子高齢化社会、コミュニティケア問題、過疎、過密、コミュニケーションなどをはじめ，問題が広範囲にわたる。しかし，いずれにしても従来の社会学の枠を超えて，単なる相互行為理論，あるいは形式社会学や総合社会学を超えて，政治や経済の領域にまで入っていかないと，こういった問題にアプローチできない。

また多くの大学において地域研究が盛んであるが，地域研究に関しても複眼的な見方をすべきである。まず，その地域全体を鳥瞰図的に眺めて，考察対象の地域の全体像を把握するところの「外観的考察」が重要である。たとえば東アジアは，いま世界でもっとも経済発展が華々しい。その実態を捉え，その意味を考えることが大事である。しかしもう一つ，そこの住民の目線になるべく近づいて，そこからもう一度，何が見えるかという「内観的考察」がきわめて重要である。

この点について明らかにするために，先述の「水俣的構造」の，もう一つの面を考察しよう。あの「チッソ水俣」という企業は当時，日本では独自の技術という点において最高の企業で，ここから現在の旭化成等々が派生してきた。そのような最高の工場が熊本の水俣に来るということで，地域住民は大歓迎した。その結果，地域の家計所得は増え，生活は楽になった。ところがこの工場が有機水銀を流しているから，その魚を食べたネコが発症し，ついで漁師たちも体調を崩し，病に倒れた。彼らはチッソ工場が問題だということに気づいたが，それを口に出して言えない。なぜなら，チッソが来たから水俣はこんなに発展したと，殆どの住民が大喜びで，そこでチッソの悪口を言うことは村八分になるという状況であった。そのことがまた，先述の公害認定が遅れた原因の一つともなった。

このような「水俣的構造」が，現在のアジアには少なくない。たしかに鳥瞰図的に見ると，アジアの経済発展はすばらしいが，その結果，小児ぜんそくで苦しんでいる子供，それを見て途方にくれている両親たちがいる。彼らの視点からは、この経済発展はどのように見えるか。地域研究では、こうした目線も大切にし、彼らの声を汲み上げることも重要である。それには単なる外観的考察に基づく地域研究ではなくて、ここからトランスする研究が不可欠である。

ちなみにカール・レーヴィットはハンナ・アーレントとかハイデガーなどと共に、ドイツで勉強した哲学者であり、戦前に東北帝国大学で哲学を教えていた。そして彼は太平洋戦争が始まる時に日本を離れるが、その時に「ヨーロッパでは近代文明や近代化のマイナス点を十分に認識してきたゆえ、近代化をなるべく時間をかけてゆっくりと推進し、二五〇年から三〇〇年かけてやった。ところが日本は近代化を、たったその三分の一の一〇〇年で、明治維新以降の一〇〇年でやろうとしている。これに成功したら大変な悲劇がもたらされるであろう」と言って帰った。彼の指摘どおり、日本の近代化の第一段階は、軍事ナショナリズムへ進み、広島と長崎の「原爆」で終わった。そして第二段階の悲劇が「東日本大地震」の「原発崩壊」だと言えよう。

さて、現在の中国や東南アジアでは、日本の企業や世界中の企業がここに入り込み、これらと現地政府が協力して、日本が一〇〇年で遂げた近代化を、たった三〇年で推進しつつある。これが大いに問題であることは、日本の例からも明らかであろう。この短兵急な近代化が、大変な悲劇を引き起こす。そうした悲劇を招来する事情は、「外観的考察」では見通せない。ここでは住民の目線に接近する「内観的考察」がきわめて重要となる。

4　社会科学の総合化と普遍的理念

社会科学の総合化

社会科学は、このようなさまざまな事態に遭遇して反省してきた。そこで60年代に移るころ「社会科学の総合化」(ロータッケル E.Rothacker)、すなわち社会諸科学を学際的に総合化するという動きが起きた。その一つは、従来の社会科学とは違う「社会システム論」という学問で、従来の枠組みを超えた学問をつくるという動きである。

たとえばボールディング（K.Boulding）は、従来の社会科学の枠組みを全部取り払って「ポピュレーションシステム」、これは集合システムということであるが、それから「交換システム」「脅迫システム」「学習システム」の四つのシステムで、すべての社会現象を捉えるという学問をつくろうとした。

またこのような社会システム論は、ルーマン（N.Luhmann）の「オート・ポイエーシス」という方向にも展開している。これは、すべての社会現象をシステムと見なし、その「システム」と、これを取り巻く「環境」の相互作用という視点から、社会現象を理解する。

しかし既述のとおり、社会システム論とは異なる方向で、社会科学の綜合化を図る理論も生じた。アドルノ（Th.Adorno）とホルクハイマー（M.Horkheimer）は、社会システムの総合化は形式的であり、社会現象の本質を理解することにならないという。そして社会現象を根本的に捉えると、「個と全体の相互否定的全体性」が見えるという。つまり個人は自由に生きようとすると、社会全体に拘束され、社会は自由に行動する個人によって、ともすれば侵害される。そのような「個と社会の相互否定的全体性」が、全ての社会現象の根底にあり、ここから社会現象が生じている。その相互否定的全体性の「仮の姿『仮象』(Schein)」として、社会現象(Erscheinung)が現出するという。

アドルノやホルクハイマーが主張する社会科学の総合化は、このような「相互否定的全体性」の視点から、全ての社会現象を把握しなおすことである。これは「批判的社会論」と言われ、マルクーゼ(H. Marcuse)やハーバーマス(J. Habermas)につながる社会学の系譜である。

このように60年代から、社会科学の総合化に関する多くの思考が生じてきたが、これらのうち、文字通りの学際的な(interdisciplinary)思考により、政治学と経済学とを結びけて政治経済学(political economy)に戻そうとか、あるいはソシオ・エコノミクスにしようとか、こうした動きが一般的となっている。

理論・政策・歴史の総合的理解

このような学問的、歴史的な背景に鑑みて、一九六六年に早稲田大学「社会科学部」が創設された。したがって社会科学部の創設の目的と意義は三つあった。第一に、時代の認識を明確にし、近代文明の功罪に関する認識を考究する。第二に、社会科学の総合化、学際的な研究を進める、インターディシプリン(interdisciplinary)あるいはトランスディシプリン(transdisciplinary)な研究を進める。

第三に、学問は全ての人に開かれているべきであり、したがって社会人にも開かれた学部にする。

このような方向とりわけ学際的思考の科学はその後、多くの日本の大学や学部が導入するところとなった。たとえば早稲田大学のすべての学部が取り入れたが、とりわけ広島大学、その次には東京大学、それから大阪大学などが、こうした方向を取り入れて新しい学部をつくった。これらからも分かるように、この方向性は正しいが、果してその成果を十分に得ているか。この点は熟考を要する。

まず時代認識についてであるが、これは、さらに「理論、政策、歴史の一体的な把握」ということでなければならない。

理論は常に現実のファクツの後追いである。たとえばインフレという現象が起きたら、それを振り返って、なぜインフレになったかを因果論的に理解するのが「理論」である。では理論が探求されるのはなぜかというと、その理論を応用して、将来に向けてインフレを退治するため、つまり「政策」を導入するためである。

このように理論は過去のファクツに基づいた理論であり、政策は理論に基づくが、将来に向けての政策である。そこで当然ながら将来には、過去の理論が想定していた以外のいろいろなファクツが入ってくるから、政策は必ずしも成功しない。

理論Aを応用して政策Aを導入し、歴史上の現実AからBを目指した。にもかかわらず現実はAからCへ動いてしまった。そこでCの時点に立って再び反省する。なぜ歴史事実はAからBへと展開せずに、AからCへ来てしまったのかと再考する。そこでAからCの軌跡を因果論的に説明する「新しい理論」が創設される。そしてまたその理論を応用して政策が導入される。そういうかたちの「トライ・アンド・エラー」の軌跡が歴史を形成する。このような理論と政策の歴史の一体的把握により、近代社会の功罪を明確にしなければならない。

矛盾を内包する学際的思考

すでに述べたように「学際的思考」は、社会科学のメインとなりつつある。しかし学際的思考は、矛盾を包含するゆえ、全体的かつ整合的に展開することは困難である。この点に関して、たとえば政治学と経済学を取り上げると、既述のとおり経済は効率追求が重要であるから、創意工夫が重視され、そのために経済の根本基盤は創意工夫の自由である。この自由は正義でいうと「交換の正義」であり、10働いた者には10を、5しか働かない者には5をという原理である。ところが、このような交換の正義、自由の原理だけで社会をつくると弱肉強食の社会となる。

そこで政治学は、これを修正するために、必要に応じて分かち与えるという「分配の正義」を取り入れる。つまり政治の要諦は「平等」の原理である。これに対して経済の要諦は自由であり、両者は相矛盾する。それゆえ、これらを同一平面上でインターディシプリンな学問にしようとしてもそう簡単なことではない。したがって学際的思考は、方向性は正しいが、いままで十分な成果を上げたとは言い難い。

ではどうすべきか。ここに社会現象とその意味の探求、つまり「現象と現象の背後にある意味の総合的考察」がクローズ・アップされる。

ところでマックス・シェーラー(M.Scheler)は、われわれの知識を三つに分けた。第一が「支配の知（Herrschaftswissen）」で、これは社会現象であろうと自然現象であろうと、それらを人間の意のままにコントロールする知識である。これは科学に期待される知である。これに対して第二の知は、現象をコントロールするのではなく、社会現象や自然現象の背後にある意味を理解するところの「本質の知（Wesenswissen）」であり、これは哲学の知である。

さて、そのような支配の知と本質の知で人類は幸せになれるかというと、そうではない。誰でも生きているかぎり、厳しく辛い経験に遭遇することがあるが、その折にどこかに救いを求める。しかし思い通りにならないことが多い。その場合に「心の救い」が不可欠であり、これを可能にするのが「救済の知（Erlösungswissen）」である。これは宗教の知にほかならない。これもすでに述べたとおりである。

このようにわれわれの知は三つの総合化されたものであるが、社会科学の総合という課題には、このような人間の三つの知のレベルにおいてアプローチすることができる。とくに後述の通り、われわれは思想や哲学と社会科学とを結合させることにより、「科学的な認識の相対化」を図ることが可能となる。

科学とパラダイム

真理という言葉を意味するギリシャ語の「アレテイア（ἀλήθεια）」は、ノットの意のアと、カバーの意のレトウ（λήθω）との合成語であり、つまり真理とはカバーが取り除かれていることを意味した。これは英語の discovery も、ドイツ語の Entdeckung も同じで、このように真理は、その真理を覆っているカバーが取り除かれると、そこに明らかとなる。しかし、まだ他のカバーが取り除かれていないゆえ、そのカバーをも取り除くと、さらに深い、あるいは大きな真理が明らかになる。このように真理は、前進的に明らかになると考えられてきた。

ところがトマス・クーン（T.S.Kuhn）は、これに対して異議を唱えた。科学的な知は必ず一定のパラダイム、すなわち「ものの見方、考え方の基本的な枠組み」を前提としており、これを基礎にして「科学的な体系」が成り立っている。したがって科学の進歩は、そのパラダイムが転換することによって、別な科学知が展開するという様式で発展することを明らかにした。

これは基本的にはカントの「純粋理性批判」における認識の解明の応用であろう。カントによると認識は、人類に共通な普遍的な「時間空間という先見的な感性の形式」と「悟性の先見的な一二のカテゴリー」とを、対象に当てはめることにより成立する。クーンはこのようなカントの「人類に共通な普遍的な色眼鏡」の代わりに、「普遍的でないパラダイム」を提示し、認識の普遍性を否定した。

さて古代ギリシャの昔、いまでも同じであるが、綿と鉄を落とすと、当然ながら鉄が早く落下し、綿は遅く落ちた。それは何故かということについて、ギリシャの自然哲学が説明しているが、これにより古代ギリシャの「パラダイム」が読み取れる。この自然哲学によると、すべての物体は故郷をもち、そして、どの物体も急いで故郷に帰るが、鉄の故郷は一番遠いから、全速力で落下していく。綿の故郷は地表であり遠くないゆえ、ゆっくり落下しても良いと説く。なるほど鉄の故郷は地球のコアであり、これはニッケルと鉄から成るNiFe核であるが、それはともかく古代ギリシャのパラダイムは「一切のものが故郷をもち、これに帰還する」ということだ。

しかし、やがて、それではどうしても説明のつかない現象が起き、このパラダイムに替えて「スコラ哲学」のパラダイムとその体系となり、「天動説」が唱えられるようになった。けれども、やがてこれがまたパラダイム転換して「古典物理学」のパラダイムとなり、「地動説」になり、さらにパラダイム転換が起きて、アインシュタインやハイゼンベルグの相対性理論になってきた。トマス・クーンは、このように転換してくるのが真理だと言う。

科学知の相対化

科学はパラダイムを前提にし、現象を因果論的に説明し研究するが、パラダイムそれ自身については、全く考えないことはないが、通常はそんなに問題としない。したがってパラダイムの背後にある理念あるいは時代精神（Zeitgeist）について科学はほとんど考えない。しかし哲学はこれを問題とする。

いったい科学的真理や、その背後にある時代精神は何か。科学的真理のパラダイムは何か。哲学は、こうした考察を展開する。それゆえ、もともと科学というのは掘り下げていくと当然、哲学に到達する。そして、このディメンジョンまで来ると、既述の科学のレベルにおいて矛盾している政治学と経済学も統合することができる。

こうした思考を抜きにして、今の科学のディメンジョンだけで考えたら理解は浅い。たとえば、いま市場経済が異常に流行しているが、これはもともとプロテスタンティズムの宗教倫理に由来する。それは、神に選ばれた者だけが救われるという宗教倫理であり、これから適者生存、予定調和という

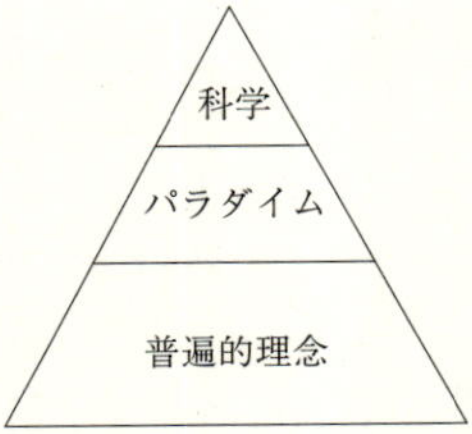

図5－2　学問の構造

考え方が生まれ、これが市場経済の枠組みをつくった。

またダーウィンの進化論がなぜイギリスで生じたか。ダーウィン以前は、「自然前成説」と「自然後成説」とが拮抗していた。前者は、全ての自然を神があらかじめ創造しておいたという説であり、後者は、ダーウィン説のように、全ての自然が初めからではなく、後から次第に生じてきたという説である。しかし、ダーウィンの出現により、決定的に「進化論」が支持されるようになった。けれどもダーウィンは、この進化論すなわち適者生存を、先述のプロテスタントの宗教倫理の枠組みの中で考えたと思われる。このように科学の背後には、必ず思想なり理念なり時代精神というものがある。ここを考えることが大切である。

ところが哲学はもう一つ、それぞれの時代の時代精神や理念を考えるだけではなく、それらすべてのパラダイム、すべての時代精神に通底している普遍的なものも探求する。それが先述の、たとえばグルントノルムの場合もある。したがって科学は、根底に普遍的理念を、その上にパラダイムを置き、これらの最上階に科学が乗っているという三角形の構図となっている。

では普遍的理念とは何か。これは「在りて在らぬ普遍性」とでも言うべきか。たしかに普遍的な理念はあるが、その普遍性が現象を通して「まったき姿」で出てくることはあり得ない。部分的にしか現出しない。しかし、どんな現象もその普遍的理念と無縁ではない。普遍的理念は、そういう意味で「在りて在らぬもの」である。

たとえばプラトンのイデアも普遍的理念である。円のイデアは完全な円であるが、そんな完全な円はどこにもない。しかし完全な円のイデアがあるからこそ、われわれは灰皿を丸いとか、丸くないと認識できる。また三角形のイデアは、面積のない三本の線に囲まれた図であるが、現実には面積の無い線を引くことが出来ないが、このイデアに照らして、現実の三角形が認識され得る。

われわれは時代の精神を探求すると同時に、このように、いつの時代にも共通の普遍的なものを見ていこうとする。それが、「在りて在らぬ普遍性」にほかならない。

別の例で説明しよう。たとえば「秋」とは何かとの問いに対して、秋になれば、歌にもあるように、枯れ葉が小枝と分かれるではないか。でも、それは秋そのものではなく、それは植物の生理現象である。秋になれば、天高く馬肥える秋といわれるように、お腹が空く。しかしそれは動物の生理現象であり、秋そのものではない。秋になれば、心が少しメランコリックになる。しかし、それは心理現象に過ぎない。

このように秋そのものは、どうやっても説明できない。しかし、秋はたしかに存在する。秋は理念としてあるし、その理念に基づいて秋に関連する事柄が考えられる。さきの三角形の図における普遍的理念は、象徴的に言うとこの「秋」である。科学は個別現象を、因果論的に説明し、その説明の背後にある理念には余り触れない。そこで「社会科学の総合」は、科学のディメンジョンから普遍的な理念のところまで降りることが大切である。しかし「社会科学の総合」を標榜する多くの学問も、そこまでは到達していない。それは、これからの課題であり、社会哲学の課題である。

プロティノス（Plotin）は真理について「至る所にあるけれど、何処にもない」という。またヘラクレイトスは「万物流転」と言うが、これは他面では逆説的に「不変の普遍的なもの」があると言っているに等しい。

あるいはカント流にいうと、「あるとは言い切れないが、実践理性の要請として存在する」ということである。世の中はこうであるべきはずだ。神は存在するに違いない、魂は不死に違いないなど、これらは実践理性の要請として考えられるが、「普遍的理念」もこのような実践理性の要請として存在し、これが科学以上に、われわれの日常行動を規制している。このことに気づくことが極めて重要である。

シェリング（F.Schelling）の言葉を使うと、われわれの意識は二つある。現象を分節化して命名していくところの「分節化意識」があり、これが科学を導く。この科学はわれわれの「悟性、ラチオ（ratio）」によって遂行される。これに対してもう一つわれわれには「無限の意識」があり、無際限に無限なものを求めていく。それは、われわれの「総合的直感的な理性、インテレクトゥス（intellec-tus）」と結合して、宗教とか哲学を展開する。

5　社会科学の課題と学問の使命

学の独立

早稲田大学の建学の精神は「学の独立」である。大隈重信によると「学問の独立が国の独立につながる」ということであるが、これは現在でも妥当する重要な格言である。とくに日本政府の問題の多い政策を目の当たりにするにつけ、その重要性がいっそう明らかとなる。

一九九三年の宮沢・クリントン会談を契機に、九四年からアメリカは毎年、日本政府に実に広範囲な「年次改革要望書」を提出し、日本政府はこれを忠実に、あたかもアメリカの従属国かのように実行している。

たとえば郵政の民営化、金融グローバル化、株の時価評価など、いずれもこの要求に沿った政策である。あの「建築の偽装問題」も、この年次改革要望書に基づいて「建築基準法」を変え、その基準を「様式基準」から「性能基準」に変えたことに由来する。現在行われている「医療改革」もアメリカの年次改革要望書のとおりであるし、また「法制度」の変更による「ロースクール」の設立も同様である。その他「アメリカの要求の膨大な公共投資」など、これらの結果が日本社会に少なからぬ弊害をもたらしている。

ちなみに米政府は「日米構造協議」などにおいて、日本政府に九一年には一〇年間で四三〇兆円の、九五年には六三〇兆円の日本の公共投資を要求したが、わが国の過剰な公共投資は、これに応えた部分も少なくない。

なぜ日本政府はこれほどまでに、アメリカの属国的な行動を採るのか。さまざまな理由があるが、そのうちの大きな一つが「学の独立」ができていないことである。端的にいうと、現在の財界、産業界のトップの人たち、あるいは官僚や政治家、政府に入っている審議会の委員、大学の経済学教授、マスコミの経済記者たちはほとんどが、アメリカ流のエコノミックスを勉強し、ほとんどそれ一辺倒の者が多い。したがってアメリカのいう「グローバル・スタンダード」は「アメリカン・スタンダード」であるにもかかわらず、それを「グローバル・スタンダード」として受け入れてきた。

ここに「学の独立が国家の独立につながる」と言う格言は、逆説的に如実に、現実的な話となっている。外国の学問をただ受け売りするのではなく、それらを批判的に受け入れなければならない。日本の問題の多い経済社会や政治の現状は、この態度に欠けるところから多くが由来している。

表5-1　社会を構成する3つのセクター

	担い手	誘　引	機　能	規　範	結　果
公共セクター	行　政	公　益	補完(公助)	平　等	福祉国家の限界
共生セクター	地域社会，NPO	共　益	共助(互酬)	連　帯	世直し
市場セクター	企業、個人	私　益	効率(自助)	自　由	2極化社会

野尻武敏「三重の社会秩序」『21世紀と生活協同組合』晃洋書房，1977年を参照して作成。

道しるべ（Wegweiser）

こうした反省にたって、われわれの学問と大学の為すべきことは、「ベーグバイザー、道しるべ」である。現実の中からいろいろ新しい芽が芽生えてくるので、その社会に芽生えた歴史の正しい方向を発見し、これを明確に示して、その意義づけをすることが、このベーグバイザーの役割にほかならない。

さて社会における個人および人々の協力の役割と性質を、自助、共助、公助と分類すると、これはそれぞれ市場セクター、共生セクター、公共セクターが担う。このうち一九三〇年までは、基本的に市場セクターが主流であった。しかし大恐慌を契機に、いずれの国でもケインズ政策が導入されるようになって、公共セクターが次第に重視されるようになった。

ここで国家は単なる法治国家から行政国家に転換し、経済政策や社会政策の遂行を義務づけられ、とくに一九六〇年代以降は「福祉国家」の実現が目指されて、公共セクターの役割はきわめて大きくなった。その担い手は行政であり、その誘引は公益であり、機能は公助であり、規範は平等に個人を補完するということである（表5-1）。

ところがこの福祉国家は、財政赤字によって限界にぶつかった。そこで一九八〇年代には米英においてレーガンとサッチャーが再び、市場セクターにウエイトを置くところの「新自由主義政策」に方向転換した。当然その担い手は企業や個人であり、誘引は私益であり、機能は自助であり、効率重視だ。しかしこれは「弱肉強食の原理」の展開であるから、その結果アメリカとイギリスは極端な二極化社会となった。たとえばアメリカは二〇一〇年ごろになると、四六〇〇万人が年収一七〇万円以下、三五〇〇万人が飢えを体験し、子供五人に一人が飢えている状況となった。

こうした事態にもかかわらず、レーガンおよびサッチャー政策と同様な政策に、中曽根内閣が手を染め、そして二〇年遅れで模倣したのが小泉内閣である。これにより日本も徹底した二極化社会に変わってしまった。

こうして市場セクターおよび公共セクターの限界が明らかとなったゆえに、いずれの国においても、住民や様々な組織がお互いに助け合うところの「共助」の仕組みが見直され、共生セクターが重視されるようになった。これはＮＰＯやさまざまな組合、生協や労金などの協同組織事業団体さらには地域社会における「市民的な中間組織」などが、その主体である。

これらは純粋な自助でも公助や公益ではなく、「共助・互助」により「共益」を追求し、とくに市民の連帯を重視して、市場セクターと公共セクターによってもたらされた弊害を、市民の手で修正するところの「市民的な世直し」という動きである。具体的には「参加のまちづくり」「地域通貨」「エコバンク」「地域コミュニティの再生」「災害ボランティア」「食と農のネットワーク」「環境問題などその他のさまざまなNPO」などである。

これらの動きは、合理主義と営利主義が結合した「経済主義」（ゾムバルト W. Sombart）の見直しでもあり、両者を完全に切断することは出来ないが、これを相対化していく。したがって先述の「社会的責任投資」に見られるように、一般の企業も、次第に社会的責任と収益機能原理の双方向性を重視するようになっていく。

このような共生セクターに関係する新しい動きについて、その意義を明らかにして、これを根づかせることが重要であり、現在はこれが学問と大学の「ベーグバイザー」としての使命である。ただし共生セクターだけでは個人も社会も維持できないし、公共セクターも不可欠である。したがってこれら三つのセクターのバランスが重要である。同様に既述の、社会科学が追求してきた「学際的思考」と「形而上学的な思考」の結合も、今日の学問と大学の使命にほかならない。

たとえば現在、環境保護の問題で「排出権」の売買がある。これは結局、カネのある者が排出権を買ったら、それで汚染権を手に入れたということになる。しかしこれは極端に言うと、「金にまかせていくら地球を汚染してもいい」という理念であり、これは倫理の視点からは容認はできない。

しかし地球の温暖化を抑えるためには、「排出権取引」という方法がかなり有効であるから、経済学者をはじめ法律家も、排出権取引を肯定する。けれども哲学や思想のレベルからいうと、当然に疑問が出てくる。ここに科学や学際的思考と形而上学的思考のすり合わせが不可欠である。哲学は「科学のレベルまでトランス」して焦点を絞り、科学も「哲学レベルまでトランス」して深化することによって、現実の現象に対して発言できる科学へと脱皮できる。有意義な学問となるためには、これらが不可欠である。

さらに、とくにテーマごとの学際的な研究が大切である。主要なテーマごとに法学、経済学、政治学、社会学など、さまざまな角度から同一問題を扱っていくことによって、現実の社会の悩みに応えることが必要不可欠である。そのためには「理論、政策、歴史の一体的な考察」もきわめて重要である。

最後に、大学の構成員はとくに、日常的に自己の陶冶に努めなければならない。教職員、学生、みんなが自己の陶冶という姿勢を持ち続けることが、大学と学問の刷新を可能にする。教員は精一杯の研究者であると同時に、精一杯の教育者であるという姿勢をもち続けるべきである。

第6章　社会哲学のパンセ

1　安楽死——もう生きたくない、助けて！

〝一服〟盛った主治医の決断

医師が自殺の手助けをする事件が起き、雑誌やテレビで大きく扱われた。四月一六日、Ｅ・ヘルミイ（六九歳）が病院で自殺したが、それは主治医が用意した毒をあおってであった。彼女は腫瘤（皮膚癌）のために顔面の神経が麻痺し、見るも恐ろしい顔になっていた（ドイツ誌『シュピーゲル』はこの写真を載せていたが、こんな扱いにも事実を直視するドイツ気質を感ずる）。しかも激痛が走り、どんな薬もこれを和らげることが出来ない状態である。彼女は何年も前から医師以外に顔を見せずにいたが、数週間前から食事をとらず死を待っていた。しかし心臓が強くなかなか死に至らなかった。そこで主治医ハッケタールは決断したのである。

この事件は当然ながら各方面の論争をひき起こしている。またハッケタール自身は自分の行為を正当化するために、患者の訴え「もう生きたくない、どうか助けて下さい」の録音テープをはじめ、様々な病状証拠を提出している。しかし多くの医者や医学会の公式声明は、出来る限り患者の生命を永らえる努力をするのが医者の義務であるから、自殺の手助けをすることなど、もっての他であり、医者の使命に反することだと言う。

これに対して「どんな犠牲をはらっても生命をひき延ばすことが、外科医の任務ではない」と言う見解が、ドイツ外科医学会会長コロウスキーの口からもれた。また「ヒューマンな（人間らしい）死を考える会」は、今度の事件は、最終段階に来た患者の自殺を考えるために、大きなチャンスを与えたと評価している。

今日の医療技術のめざましい発展と、ますます高齢化する社会を考えると、医者ならびに患者の肉親は、こうした問題に直面することは例外ではなくなる。つまりどんな犠牲をはらっても患者の生命を永らえるべきか、あるいはたとえ生命を短縮する結果になっても、患者の苦痛を和らげるべきかという問題だ。すでに一九七九年にドイツ外科医学会は、生と死の境界領域にある生命は、「医者の自由裁量」によることが稀でなくなったと発表している。

確かに人工心臓や人口肺をはじめ、そのほか肉体機能が麻痺した場合に導入される様々な人為的な器具は、日増しに進歩し、新たに発明され改善されていくから、この問題から発して「生命」について根本的に問いかけることが、ますます人類にとって重要となってきた。

ひるがえって西欧の哲学を見ると、ヒュームやカント、ショーペンハウアー、ニーチェ、ハイデガーなどの議論に代表されるように、自殺の問題は西欧哲学とりわけ哲学的実存の根本問題であった。これらの議論の最大公約数をとると、おおむね次のごとき思想だと言えよう。

人間が自然的に、肉体的にのみ存在する生物ならば、人間の生命も他の生物たちと同様に、全くの自然過程に委ねられ、自然死以外に考えられない。この自然の生命過程を貫徹することが自然のことでもある。しかし人間は肉体ばかりでなく精神をもち、精神的にも存在する。これが人間と他の動物の決定的な相違である。したがってこの精神的な実存のために、あえて肉体の自然過程を自ら断念することもあり得るし、これも自然のことと言える。つまり自殺の権利を認めることは、「人間らしく生きる」ために、ある場合には必要不可欠なことであり、人間だけに固有な自然の「非自然的自然」を認めることである。

このような人間の生命と自殺に関する思想史上の見解を検討することも、確かに意味がある。しかし今日の問題は、これに加えて科学とりわけ薬学や医療技術の進歩、ならびに社会の老齢化などを総合的に捉えた上で、生命の尊厳について考える必要がある。したがって問題の本質は、より深く且つ広い。すなわち近代科学技術文明の再検討といった大きな課題につながっている。この今日の最大課題に対する第一歩、しかも焦眉の急を要する日常問題として位置づけられるのが、こうした「安楽死」の問題にほかならない。

尊厳死の権利

このような医療技術の進歩に対する反省は、西ドイツでは一九六七年以来「尊厳死の権利」というテーマで活発に議論されてきた。そして、たとえば生命再生医術のスペシャリストとして知られるJ・シャラアは、「無分別にあくまで死に対して闘うこと、最後の一呼吸まで闘うことは医学の堕落である」と言う。また他のスペシャリストも、「医者は単なる技術の幻想にとりつかれてはならない」

と主張するほどに、問題の本質は見定められてきた。

あるいは福音神学の立場からH・ティーリッケは、患者の苦しみを無視した人工の生命器具を導入することは、ヒューマニズムの暴力に人間をささげることだと主張している。しかし他方で医療技術は日夜長足の進歩を遂げており、問題はますます複雑化している。これは、とくに臓器移植問題と絡んで、生命に関する生物学的かつ哲学的な難題となった。

たとえばすでに周知のごとく、死は一義的には決定されなくなった。もはや心臓が止まり呼吸も止まった時点で、死を確認することはできない。現在一般的には、持続的な脳死の状態が死の兆候だとされるが、この脳死（脳波のゼロ・ライン）は、情況証拠として必ずしも充分でないとも言われる。脳波の緑色の波がまだ完全に消えず点滅状態にある場合、どの程度明滅しているならば、これを「生」もしくは「死」と断定するかなど、専門的な問題を残している。

これ以外にも多くの専門的問題もあろうが、それには立ち入らずに、ここで「安楽死」もしくは「尊厳死」について、医術的、哲学的、法律的観点から、あえて問題を単純化しよう。すなわち「安楽死」に関する各方面からの論争を期待し、『シュピーゲル』に従って問題のたたき台を作ると、次のように要約されよう。

（一）病気の最終段階に来て患者の苦痛が耐えられないものとなった場合、本人の口から明白な死への願望が出されたことを条件に、この人間の生命を止めることが出来るか。

（二）この場合に、毒殺など積極的に患者の生命を短縮させうるか。

（三）生命をひき延ばしている人工的手段を放棄することにより、患者の生命を自然にまかして死に至らしめうるか。

このような問題の要約は、どちらかと言えば技術的な傾向、即物的な傾向に偏るという批判も出るであろう。とくに仏教をはじめ多くの宗教は、「生と死」について深い考察をしているから、あるいは別の角度から問題の本質に接近するかも知れない。

しかしどのようなアプローチをするにしても、最終的にはここに述べた具体的問題に対して、何らかの解答を出さざるを得ないのではないだろうか。いずれにせよ医学、法学、社会学など学界ばかりでなく、宗教界や政界など各方面において議論されなければならない今日の最大問題の一つが、「安楽死」問題にほかならない。

（一九八四年六月記）

2 シャンペンか、ただのソーダ水か――東から逃亡してきた二人の青年

亡命直後のインタビュー

ドイツと言えば、朝鮮と同様に国が二分された国という姿を、先ず思い浮かべる人も少なくないでしょう。しかしそうした西ドイツと東ドイツの分断と統合などに関する政治的経済的問題を正面から取りあげることは別の機会に譲って、ここではそれに関連した一つのエピソードを紹介しましょう。その方がむしろ両ドイツの庶民の生活実感が伝わると思われるからです。

昨年九月に東ドイツから一九歳になる二人の若者が、西ドイツへ逃亡してきた。昨年の三一および

三二番目の亡命者である。クライン君は東ベルリンでビルの清掃員、クロッツァー君は同じく道路工夫だったが、ある日二人は越境に成功した。そこで雑誌『シュピーゲル』は、この亡命直後に二人にインタビューし、さらに亡命半年後に再びインタビューしている。若い二人は何を考えて亡命したのか、そして亡命後の彼等の気持はどうか、それらを通して東西両ドイツについて、われわれは何を感ずるだろうか。以下はこのシュピーゲル誌の二回にわたるインタビューの要約です。

（質問）二四時間前には、二人ともまだ東に居たのだけど、こっちへ来た理由は何？

（クライン）最初にこいつと下の飲み屋で飲んでいたが、三杯目か四杯目になって、やっぱり東には居たくねえと言う話になって。それに二人とも頭にきたことがあって、そんで、じゃあ西へ逃げようってことになったわけ。

（質問）何が頭に来たの？

（クライン）二人とも同じようなことでね。仕事の主任がガミガミ言って、オレが昼休みから戻るのが遅いからって一時間分の給料差し引いたんで、それでもう何もかもイヤになった。

（クロッツァー）俺もそうだ。とにかく俺の監督ってのはサディストで、今月も八〇％しか給料くれないと言うからさ。二〇〇マルク（一マルク＝一〇〇円程度）も少なくちゃもう我慢できねえって言ったんですよ。

（質問）昨日はとくに頭に来ることが多かったわけかな？

（クライン）いや、でも色んなことがいっぺんに来たから。

（クロッツァー）とにかく仕事も何もうんざり。うまく行くかどうか分らねえが、よし一発というわけ。

（クライン）それで二人とも家で着替えて、もう一度ビール飲みに行ったりして、それから一気に走ったんです。途中で仲間に会ったから、これから西へ逃げるから、着いたらスポーツシューズ送ってやると言ったら、こいつ又飲んでるなと言って、ぜんぜん信じなかったな。（笑）

亡命半年後のインタビュー

（質問）半年前のインタビューのときのタイトルは確か「シャンペンかそれともただのソーダ水か」だったかな。さて西側はほんとうにシャンペンの味がした？

（クライン）うんまあシャンペンてなわけにはいかねえ。ここでもやっぱし向こうみてえに働かなくちゃなんねえし。でも色々なものが買えることを思うと楽しいな。

（質問）二人ともすぐに仕事は見つかった？

（クロッツァー）平気、平気、ビルの清掃員の仕事はすぐに見つかったよ。だけどもう2回もだまくらかされて。こいつは気をつけないといけねえ。初めの会社じゃ、見習い期間とかいうのが済んだらすぐ、くびになって、おまけに払いも少ないときた。

（クライン）うんオレもひでえめにあった。

（クロッツァー）組合に行きゃ良かったのに。

（クライン）組合じゃ頼りにならねえさ。

（質問）君たちは半年前に東での仕事がイヤになって来たはずだけど、こっちで働くのは楽しい？

（クライン）うん楽しいよな。現金が目で確かめられるから。休みに働こうが土曜日に働こうが、そんなことはまるでどうでもいいことさ。もう何度か休みにも働いたよ。

（質問）仕事そのものは、向こうとこちらではどちらがきつい？

（クライン）そりゃ何たってこっちさ。ここじゃ国のためでなく会社のために働くから、競争とか色々あってさ。皆いつもツッパラなくちゃなんねえな。

（クロッツァー）家に帰ってくると、ほんとうにクタクタだ。こんなことは東じゃ無かった。だが働いてカネを手にして何か買おうと思うから、楽しくなるね。

（質問）おカネは足りる？　どんな物を買うんだね？

（クライン）今のところ家具など。まだ半分しか揃ってないからね。テレビも、もうちょっといいのが欲しいし、カーペットもね。

（クロッツァー）カネってのは、いつでもそんなに充分とはいかねえもんさ。

（質問）仕事仲間は、君たちが亡命したと聞かされると、何って言ってる？

（クライン）「へえ、すごい勇気！」とか言うから、一応いいことだと思ってるらしいよ。でも一度気まずくなったり、彼等の機嫌が悪くなると、すぐ「どうせお前は東から来たヤツさ」と言われるんだ。

（質問）頭にくることは多い？

（クライン）俺にとって一番頭にくるのは、若い連中がわけの分らねえことばかり考えて、アッチコッチうろうろばかりで、ちっとも働こうとしないことだね。ヤツらはきっと、どうなったって知ったことじゃない、と考えてるんだな。

（クロッツァー）俺は、仕事でいつも騙されることが頭にくるが、その他は別に無いよ。

（質問）西の印象は、自分にとって変わってきたと思う？

（クライン）そりゃ「黄金の西」ってイメージはふっ飛んだと思うよ。ここでもあくせく働かなくちゃさ。けどそれが無駄とは思わないがね。

（クロッツァー）西のことでは、色々といいことばかり想像していたが、それは変わったね。東にいたんじゃ、それが分からなかった。とにかくテレビとかでバラ色の西ばかり見ているから、ほんとうの西は分からなかったのさ。

（クライン）うん、バラ色の為には、やっぱり働かなくちゃならねえってことが、テレビじゃ見えないのさ。考えてみりゃ、当然のことだのにね。働くから、その代わり何か買えるんだよな。でも本当に牛みてえに働かなくちゃなんねえ。

（質問）それでも東のことは、大嫌いなの？

（クロッツァー）俺はそうでもないな。俺の場合はまるで変わってきたよ。自分でも良く分からないけど。どうも向こうも、こっちも同じって気がするよ。

（クライン）へえ、なんてことを。昼と夜ぐらい違うんじゃないか。

（クロッツァー）そんなこと言ったって、じゃ実際に何が違うって言うの？

（質問）いま君達ぐらいの齢の東ドイツ市民が、大勢こちらに来たがっているけど、彼らに何をアドバイスする？

（クライン）まとめたカネを持って来ること。住む所を早く見つけること。勿論、カネをためること。それから会社に騙されねえことだな。

（クロッツァー）俺は、こっちへ来る前にもう一度良く考えてみて欲しいな。

（クライン）そりゃあほらしいってもんさ。

（クロッツァー）そんでも俺はそう思うよ。

いかがでしょうか。社会主義だとか、自由主義だとか言うまえに、人間の原点を見つめるべきことを、このインタビューは暗示しているように思われます。もう一つ感じたことは、私の見たところ西ドイツの人々は、日本人の半分ぐらいしか働いていないと思われますが、東ドイツの目からすると牛のように働いているということなのでしょうか。どうも日本人は少々働き過ぎるようですね。

（一九八四年六月記）

3　緑豊かなれど崩れゆく家庭
——豊かさのなか価値観様変わり、老齢化・下がる出生率

同棲すれども結婚せず

ドイツというと、婦人は掃除・洗濯・家の手入れに精を出し、家政婦を雇うならドイツ婦人とイギ

リス人が言うほどに、家庭生活を重視する国民だと一般に思われてきたようです。たしかに日本などに比べると、食生活より遥かに住まいの「住み心地のよさ（ゲミュートリッヒカイト）」に重きを置いているように見えます。しかしごく大雑把に言えば、近年その傾向が崩れ始めていると思われます。つまりゲミュートリッヒカイト（Gemütlichkeit）の追求を可能にしてきた「安定した家庭」という基盤が、婚姻率の急激な低下という形で、大きく揺らいでいるのではないかと感じられます。ところが他方で、家庭生活をも含めて「私的生活」により重点を置き、生活をエンジョイする傾向も、ますます強くなってきました。それは、労組による「労働時間短縮闘争」に端的に現れています。

このような、一面で矛盾し、他面でつまり個人主義の徹底化といった点では相互に助長し合うような二つの動きが顕著に感じられます。これらは、もはや抗しがたい流れと思われますが、ドイツ人自身もこうした勢いに戸惑い、不安の中で暗中模索の状態だと思われます。

それにしても、この二つの動きは、今後ドイツの経済・社会ばかりではなく倫理観、宗教観、人間観のすべてにわたり、実に重要な多くの問題を投げかけていると思うのは私一人だけではないでしょう。

既婚、二五人に一人

婚姻率の低下傾向は、先ずはアメリカ、はては最近の日本においてさえもといったように、これは先進諸国に共通な問題だと考えられます。それはたぶんに経済成熟や、それに起因する流動的な世界のあり方に関連しているでしょう。堅固な社会基盤・家庭基盤を誇ってきたドイツも、そうした動きと無縁ではないということでしょう。

否むしろ合理主義に基づいた独立自尊意識の強い、そうして激しい気質のドイツ国民、とりわけドイツ婦人にとって、この傾向は日本などより遥かに強いのは当然のことでしょう。

たとえば私の知っている或る企業では、かなりの教育を受けた女性が二五人働いていますが、そのうち結婚している人は一人、他は皆、若い人も比較的年齢の高い人も同棲生活をしているということです。

この事実に驚いている私に対して、それは最近では通常の（ドイツ人流にいうとノルマール normal）ことだと言うではありませんか。そういえば私が研究しているボン大学の学生の同棲率も、日本の大学生たとえば私の関係している早稲田大学の比ではないように感じられます。ちなみにノーマルな神経だと目を逸らしたくなるほどの大衆の前での男女の抱擁も、ドイツの大学ではまったくノーマルなことです。

詳しい数値はともかく、生活実感として、このように結婚する若者は少数派になりそうな気配ですが、また結婚しても共働きが普通ですから、子供は無いか、あるにしても一人っ子が圧倒的です。このような状態ですから、第一に、昼食を食べに帰る夫のために朝からかいがいしく家の中で立ち働くという婦人の姿は、ポピュラーでなくなりました。昼食代わりに、ドイツ名物のパンとソーセージにかぶりついている、スタンドのサラリーマンの姿をよく見かけます。家庭の機能、したがってその意味さえも転換してきたと言えましょう。

またこれと関連して第二に、生活マナーとりわけ若者のマナーは良いとは言えません。一番目につくのは若い女性の喫煙者が多く、そのマナーの悪いことです。こちらに来て、老人は別にしてタバコを吸わない女性を私は一人として知りません。そして多くが道を歩きながら吸い、火のついたままそれをポイと道路に捨てます。日本でも同様の風景はしばしば見かけますが、少なくとも若い女性のそうした姿は見かけないでしょう。このように一事が万事で、家庭の厳しい躾といったドイツの伝統は、もはや感じられません。

さて婚姻率および出生率の双方の減少は、当然のことながら人口の減少と人口構成の急激な老齢化を招きますが、これは将来の経済的社会的ならびに文化的発展の最大の阻害要因となることも確実です。日本からの輸出攻勢や国内の失業率の増大に直面して、西ドイツ政府・財界は技術力を強化することによって経済発展を図る考えのようですが、長期的に見た場合、そんなことより人口の減少と老齢化のほうが問題でしょう。

これは、今日の福祉社会の基盤をも崩すことになるでしょう。事実ここでも老齢年金のファンドは、日本ほどではないにせよ、悪化しはじめています。

ではこうした傾向に対して、政府は何も手を打っていないのかというと、そうではありません。キンダー・ゲルトつまり子供養育補助金の制度があります。これは現在のコール内閣になってから、以前より少々減額されましたが、日本とは比較にならないほど充実したものです。

子供の数が多くなるにつれて支給額の伸び率が大きくなる制度で、大体の数字をあげると、年収五〇〇万円未満の家庭に対して月額、子供一人の場合は六〇〇〇円、二人の場合は一万八〇〇〇円、三人の場合は四万四〇〇〇円、四人の場合は七万三〇〇〇円程度が与えられ、年収五〇〇〇万円以上の家庭に対しては、それぞれ六〇〇〇円、一万四〇〇〇円、三万一〇〇〇円、四万八〇〇〇円が与えられます。これはコール内閣による改定以前の数字ですが、今日でもそれほど変わっていません。

実際に私は子供三人で、ドイツでは年収が無いから、月額三七〇マルク（三万七〇〇〇円程度）支給されています。このことから分るように、この制度は西ドイツに住むすべての住民に対して、しかも一時的な居住者に対しても適用されている点も特筆されるべきでしょう。

もっともこの制度に対して、収入が多い者は負担（税金）ばかり大きく、支給額が少ないから、年収五〇〇〇万円以上の家庭にとっては、キンダー・ゲルトは子供を生み育てるインセンティブにはならないという批判があります。コール内閣もこの点を考慮して、再び制度を改定する意向を示しています。たしかに政策としては、このような制度を考え直す必要も無くは無いでしょう。

また婚姻率の減少については、離婚に要する巨額な費用などが指摘されます。しかしすでに触れたように、問題の本質は、物的豊かさの中での価値観や人生観の転換あるいは世界の流動化などに深く根ざしていると思われるので、制度その他の諸点の如何にかかわらず、婚姻数や出生数の低下傾向は続くでしょう。そして、やがて重大な問題を引き起こすと考えられます。

私の住居は、庭先で野ウサギが遊ぶほどに閑静な住宅街ですが、それでも町の中心地まで路面電車でわずか十分ぐらいです。こうした住宅状況はドイツでは例外ではありません。家々の窓はきれいに磨きあげられて、美しい花々で飾られ、街は豊かな緑に囲まれ、夕方ともなると散策を楽しむ老若男女で、にぎわいます。

このように、見た目にはドイツは昔からの生活様式を守り続けているように見えます。こういう姿を見ていると、これが人間らしい生活だと思うのです。しかしその一方で目に見えないところで、日本よりはるかに急速に人が拠って立つ家庭という基礎が崩壊しつつあり、また労働に対する大衆の意欲も減退しつつあるというのが、私の現在の感想です。

（一九八四年七月記）

4 恐るべき土壌の汚染――八億人が飢えるとき〝ぶつかった大きな壁〟

模範にならぬ先進国の成熟経済

経済の発展段階が低く、住民が充分に食べていけない国の数は、先進工業諸国よりはるかに多いことは周知のとおりです。そうして現在も八億人の人口が「絶対的貧困」にあえいでいます。

絶対的貧困とは、人間らしい条件に関するどんな定義に照らしてみても、ほど遠い栄養不足、文盲、疾病、高い幼児死亡率、低い平均寿命から脱却できない生活状態のことです。ここでは新生児一〇人のうち二人が一年以内に死亡し、さらに一人が五年以内に死亡、四〇歳まで生き延びるのは僅か五人に過ぎません。

このように経済開発が遅れている諸国が抱える問題は、誰の目にも明らかで、且つきわめて深刻です。では経済を発展させればすべて問題が解決するかと言うと、決してそうではありません。たしかに経済を発展させることは必要ですが、それは正しい経済発展でなければ、問題をさらに複雑に深刻にしてしまわないとも限りません。

ここで正しい経済発展とは何か、ということを一言では述べられませんが、それは何よりも経済以外の諸要素と、たとえば人びとのモラルや天然自然および国土あるいは政治的状況などとの、バランスがとれた経済発展だと言えましょう。

この点は、今日すでに経済成熟の域に達している先進工業諸国の問題を考えれば、おのずと明らかでしょう。これら諸国の経済発展は、必ずしも今述べた意味でバランスのとれたものではありません。それゆえに、これらの経済は今日大きな壁にぶつかり限界を露呈しています。

その限界の主要なものは、第一に人間の心の頽廃です。経済が成熟するにつれ人々のモラルは低下し、人と人との交わりも味気ない「砂つぶ」のごとき関係になりがちです。他人との温かい関係、つまり共同体が失われて、人々は内面的な共通項を持たず孤独と不安に悩まされ続けます。わが国の「家庭内暴力」や「校内暴力」も、決して例外的な偶然的な社会現象とはいえないでしょう。誤った成熟経済と密接な関連があると思われます。

さて、今日の成熟経済の限界の第二は、経済発展が自然の限界にぶつかったことです。その中の一つが大気・水質・土壌汚染の「環境問題」であり、もう一つが資源の涸渇化の問題です。

わが日本は「イタイ・イタイ病」で公害先進国の汚名を着せられて以来、官民一体となって工業化による大気・水質汚染の防止に努めてきました。その結果、たしかに川は以前より汚れが目立たなくなり、魚も棲めるようになったという報告も聞かれるようになりました。

これに対して資源問題に関しては、第一次石油ショック以来、数度の石油ショックで大きな経済的ダメージを受けました。そこで今日では「経済に対する自然の限界」と言うと、むしろ資源の涸渇現象が多く問題にされ、工業化による大気・水質・土壌汚染の問題は、ひと頃ほどやかましく言われなくなった感があります。

だが、果して大気・水質汚染ならびにこれから述べる土壌汚染の問題は、大丈夫なのでしょうか。最近明らかとなった西ドイツの汚染現象を考えると、日本も決して安心のできるような状況では無いと思われます。見た目には実に緑が多く、住民も少ないこの西ドイツでさえ、すでに自然環境の破壊は、人間が生存できる状況の限界線近くまで進んでいるのです。

ガンの頻度分布図で熱い論争に

西ドイツではこの夏『癌アトラス』という本が出され、例外的なほどの冷夏に熱い論争がひき起こされました。これは三人の専門家の手による四〇〇ページにのぼる著書で、西ドイツ全体の癌の頻度分布地図です。癌一般についてはもとより、肺癌、乳癌、子宮癌など種類別にも詳細な調査・検討が試みられています。

これで明らかとなった点は、何よりも先ず工場や自動車の排出物と癌の発生との間に、プラスの因果関係があるということです。たとえば、西ドイツ西南部や中東部の牧草や森林地域では、人口一〇万人当たり一年間の癌による死亡者数は一六三・三人以下ですが、これに対してルールやザールあるいはバイエルンなどの工業地帯や大都市では、それが二割以上も多い一九六・五人超となっています。この結果が西ドイツ国民に深刻な反省を与えないはずはありません。

それは、たとえば『シュピーゲル』の「ホルムアルデヒドが緑の党を救うか」などという記事に象徴されています。すでに日本でもかなり前から「タッパー」などに含まれている、ホルムアルデヒドに発癌性の疑いがもたれて議論を呼んでいますから、この記事のポイントはご想像がつくでしょう。緑の党や環境保護論者は、ホルムアルデヒドが発癌性物質であるにもかかわらず、政府はこれを否定し、放置してきたと批判してきました。そして巨大化学工業をただちに規制すべきであると主張しています。折しも『癌アトラス』が出版されましたから、緑の党はこれにより大きな力を得て、国民の支持率を再び上昇させはじめています。これに対して政府与党は、何も打つ手を持ち合わせておらず、ますます無策を曝露している有り様です。

しかし、この問題に直面して苦しいのは、政府ばかりでなく労働組合も同様です。化学工業の労働組合はもとより、西ドイツ労働総同盟（DGB）も、今や職場の確保や失業の救済と環境保護とを、どのように両立させるかで悩んでいます。

たとえば、西ドイツの巨大化学企業BASFは二〇〇〇の工場を維持していますから、ホルムアルデヒドの関連でこれが規制され閉鎖されれば、多数の失業者を出すことは明らかです。しかも現在、なお西ドイツには二〇〇万人を越える失業者が居る状況ですから労働組合の悩みも一層深刻です。

ちなみにアメリカのマサチューセッツおよびコネチカット州ならびにカナダでは、ホルムアルデヒド入りの洗剤などがすでに禁止されています。

土壌バクテリアを殺す酸性の雨

西ドイツで論争をひき起こしているのは、こうした発癌性の問題だけではありません。むしろ最近では、土壌汚染が大気および水質汚染につづく第三の汚染問題として、しかももっと深刻な問題として認識され始めています。その実態はどのようなものでしょうか。『シュピーゲル』やその他を参考にして要約してみましょう。

マックス・プランク研究所は、酸性の雨が森を死滅させる。そして硫黄やサルファ酸を含んだこの、いわゆる「すっぱい雨」のため、土地はすでにかなり汚染されており、今や雪崩現象的に作物生産が不可能になり始めている、と警告しています。

「すっぱい雨」による「森の死」を若干の環境保護論者が指摘したのに対して、農業大臣が「軽率な発言だ」と国会で一蹴したのは、一九八一年のことです。しかし、それからわずか三年経った今日、誰でもこの環境保護論者の主張を承認せざるを得なくなりました。と言うのは、驚くことに、西ドイツには今や健康な「裏白モミの木（葉の裏の白いバイスタンネバウム Weißtannenbaum）」が一本も無いと言う調査報告が出されたからです。

酸性の雨は、主として自動車の排気ガスや工場の煙などによるものですが、それは大気ばかりか土地をも汚染しているのです。地下二五センチから三〇センチの所でバクテリアが繁殖し、それゆえに作物を作ることができるのですが、ここでは空気と土地が混合するから、空気汚染は土地に感染し、同時に汚染されます。その結果、いわゆる「地下のけものたち」たるバクテリアが死滅してゆきます。

国立研究所のエコロジスト（生態学者）W. エルツは、二〇〇〇年頃には春になっても芽ぶきの悪い「もの言わぬ春」となる地域として、北ドイツの牧草地やニーダー・バイエルンの草原を指摘しています。また森の国ドイツでは、西ドイツの緑の三分の一を森が占めていますが、その五〇パーセント以上が死に始めており、それらの一部では木ばかりではなく植物全体がやられているから、ここでは土地が完全に死ぬ日も近い、という報告も出されています。

こうして土地の死滅化と森の衰弱化は、ものすごいスピードで進んでいますが、それは酸性の雨と、後に述べる誤った農業経営が主因だということです。

雪崩の如く激増する重金属汚染

土壌汚染は「すっぱい雨」ばかりでなしに、重金属によっても促進されています。土地の専門家A．クローケ教授は国会の公聴会で、「空気や水はきれいにすることは出来るが、重金属におかされた土地を元に戻すことは不可能であり、取り返しがつかない」と説明しました。

ノルトライン・ウェストファーレンのセメント工場から排出されるタリウム、ヘッセン・ゲルンストハイムの殺虫剤工場からの廃棄物、ニーダーザクセン・オーカーの精錬工場からの鉛、ハンブルク等のごみ焼却からのダイオキシンなどが問題にされていますが、日本でお馴染みの水銀やカドミウム汚染も広がっています。そしてこれらは未だ本格的に規制されていません

水銀に侵されているエルベ川のウナギを売ることが禁止されるなど、若干の規制はあります。しかし、肝心な工場や自動車の排気ガスからカドミウムがばら撒かれるのを、現在の西ドイツの環境法は放置しています。

こうして重金属汚染は、多くの工業地域の一五キロメートル周辺、つまり六〇万ヘクタール、西ドイツ全領域の三〇パーセントにも広がっています。そして少なくとも西ドイツの土地の7パーセントが著しく過剰な重金属汚染にやられていると言われます。周知の通り食料中の重金属は、ごく少量でも命を脅かすから重大な問題でしょう。

国連の世界保健機構（WHO）が示しているカドミウムの人体摂取許容量は、一週間に〇・五二五ミリグラムですが、西ドイツでは平均してその七〇パーセント～八〇パーセントが摂取されているということです。これらは、許容量も摂取量も、いずれも平均値です。それゆえ、子供や病人の許容量はもっと少ないと考えられますから、すでに問題です。

また、大気汚染や土壌汚染の著しい工場地帯などでは、すでに許容量を超えて摂取しています。たとえばオーバーハウゼンの労働者は、許容量を越えるカドミウムを摂取しているということですし、またニラやネギ、キノコなどの野菜、あるいは肉では、レバーや内臓などカドミウム含有量の多い食物を多く食べる人は、過剰なカドミウムの摂取が予想されます。

一九八〇年の政府発表では、カドミウムが原因で腎臓病にかかっている人は数千人だといわれましたが、最近ではこれが倍増しているというのが専門家の一致した見解です。

こうして酸性の雨に加えて重金属、とりわけカドミウムの沈殿の双方によって、中部ヨーロッパの土地は年を追って汚染され、自然の地力による作物の収穫量は急激に減少し、またその作物が人体に害を及ぼしているわけです。

西ドイツの国民は世界人口の一パーセントにすぎませんが、この国民が全世界のカドミウム生産の一〇パーセントをも使用しています。確かに日常生活の中で、日本では考えられない濃い食品関連の着色、あるいは工作粘土などの学用品の強い着色が目につきます。おそらくこうした中にもカドミウムを使用したものがあると思われます。

それはともかく、最近の調査報告によると、過去五〇年間に西ドイツの土地のカドミウム含有量は四倍になり、土地一キログラム当たり〇・四ミリグラムとなったということです。したがってこれが三ゼネレーションも経たないうちに、このカドミウム含有量はさらに2倍になるでしょう。こうして酸性雨とカドミウム汚染によって、五〇年後には中部ヨーロッパでは食料生産が不可能になると予想されています。

すでに今日の西ドイツの農耕地の四〇パーセントがダイコン、ビート、カブなどの飼料作物の栽培に適さなくなっています。この七月にハンブルグでニンジンの分析をしたところ、四七個中四三個からWHOが示している許容量を超えるカドミウムが検出されました。

またこれより前の一九七九年に、西ドイツ政府は、カドミウム許容量の点からすると、当時流通していた豚肉の五〇パーセント以上が供給停止されなければならない、と発表しました。まさにカドミウム汚染の雪崩現象と言うべきでしょう。

（一九八四年九月記）

5　加速する耕地の死滅——地力奪った農政〝飲料水にも赤信号〟

悪循環に陥る農業の工業的経営

土壌汚染は酸性雨と重金属の散布によるばかりでなく、その第三の要因は、誤った農業経営です。一般に酸性の雨を脱硫して中和する手段として石灰が使用されますが、西ドイツではこのための石灰が一〇年前の二倍となり、その費用は年間七〇〇〇万マルクにも上ります。

政府の発表によると、平均して1ヘクタール当たり年間六〇キログラムの石灰が必要だということです。そして酸性の雨が降り続けるかぎり、この費用は増大する一方で、農業経営は次第に苦しくなります。

そして石灰と同時にリン酸塩の撒布によって収穫量の減少を抑えている現状です。このリン酸塩の使用量は三〇年間にちょうど三倍になったと言われます。ところがリン酸塩はカドミウムを含みます。一トンあたり七五グラムのカドミウムを含み、西ドイツ環境庁の推定では、これが年間六五トン撒布されます。この結果、腎臓障害を引き起こすところの、土地に含まれる重金属の三五パーセントを、このリン酸撒布が供給しているということです。

さらに化学肥料とならんで、厩肥、とりわけ家畜の屎尿を肥料として使用していますが、これが有害な硝酸塩を含んでいます。それが特にサラダ菜、赤カブ、ホウレンソウ、ダイコン等に混入します。このように西ドイツでは家畜の排尿による硝酸塩汚染も進んでいます。WHOやEECは、飲料水に含まれる硝酸塩の許容限界量を、水一リットル当たり五〇ミリグラムとしていますが、西ドイツには、これを超える硝酸塩を含んだ水を飲料水としている住民が、六〇〇万人も居ると言われます。しかも驚くべきことに、一九八五年には、この許容基準を九〇ミリグラムに変えなければ、西ドイツの飲料水の殆どが許されないということです。

化学肥料や厩肥を大量につぎ込むことによって、確かに生産性をあげることができるし、一世代前の農業よりはるかに収穫量をあげています。したがって当然のことながら、地力を保持するためのクローバー、ルポナスあるいはカラスノエンドウなどの間作もしなくなっていますが、これがまた土地の疲弊を急激に進めています。同時に人体の健康を害する作物を作り、経営コストをますます高め、有害物質に対する土地の抵抗力を著しく弱める結果となっているわけです。

たとえば、バイエルンの農業組合の計算によると、収穫量を五〇パーセント伸ばすためには、肥料を二五〇パーセント多く施さなければならないということです。そうすると、これが、さらに自然の地力を減退させ、有害物質に対する土地自身の抵抗力を失わせるといった悪循環に陥ることは明白です。にもかかわらず、ひと頃の肥料ブーム期には一三五〇パーセント増もの施肥をしたということでした。

他方、このような肥料や機械農耕を頼りにして、耕地の中や周囲にあるヤブや植え込みをしだいに取払ってきました。しかし、これが土地の侵食を促進するばかりでなしに、バイオ・サイクルを破壊し、自然の抵抗力であり土地の養育者であるところの「微生物」を殺害して、土壌汚染を促進することになります。

このような化学肥料と機械を頼りにした工業的農業経営は、三〇年前から導入されてきましたし、これが政府の農業政策の方向でもあったわけです。が、次の世代のことを考えると、いまやこのやり方を続けられないことは、誰の目にも明白になってしまったと言えましょう。

近代科学技術にこわい落とし穴

さて、西ドイツの土壌は、一方で工業化による「すっぱい雨」と重金属の撒布、他方で誤った農業経営による土地の疲弊と侵食のダブルパンチを受け、相当破壊が進んでいる事態が明らかとなりました。

しかし、言うまでもなく、これは西ドイツだけの問題ではありません。経済協力開発機構（OECD）の発表によると、過剰な化学肥料、山や丘あるいはヤブを削る土地の侵食、過剰放牧、荒廃地の放置などで、二〇年後には世界の生産可能な土地の三分の一以上が失われるということです。アメリカでさえ農業地の三分の一が破壊されると言います。そして一度失われた土地を回復するのには、一〇〇〇年から四〇〇〇年の歳月が必要だということです。

土地や空気に混入した毒物を拡散することにより、大気や土地を回復させることができるといった技術的可能性が、しばしば指摘されてきました。しかしそのような拡散は、逆に環境汚染をスピードアップさせてしまうことが、いまや明白となりました。近代科学技術およびそれらに支えられた経済社会の発展が、一面でいかに危険で、墓穴を掘っているかが、これまで触れた土壌汚染問題を通じて再び明らかにされたと思われます。

そして人間と自然を調和させる真の工夫、本来あるべき技術と社会の発展が、ただちに考え出されなければ、すべて手遅れとなりましょう。また発展途上国の人々にも、先進国の悪しき二の舞をさせないようにすることも、先進諸国の使命の一つだと思われる次第です。

最後に、西ドイツの環境汚染に対する大衆の感覚について筆者の実感を述べますと、人々は余り深刻に受け取っていない様に思われます。それは実際に緑が多く、人口密度も高くありませんから、日本の公害問題のように、すぐに表面化しないからでしょう。

たとえば、洗剤で食器を洗った場合、その食器も手もあまり良く水ですすがない姿をしばしば見受けますし、食料品の着色の濃いのには驚かされます。たしかに、環境保護主義者や「緑の党」の運動が盛んな割合には、大衆にいまひとつアピールされていない感じを受けています。

では公共体の「環境保護の政策」はどうかというと、自動車の排ガス規制すらできない状況です。それは住民の自覚が少ないということに加えて、ＥＣ諸国全体との関連で問題の扱い方が難しいからでしょう。

ちなみに「ライン河汚染」に関して、フランスのカリ工場による汚染が注目されましたが、ライン河の汚染源は、決してこればかりではありません。八二〇マイルにわたってヨーロッパの工業中心地を流れる河ですから、四〇〇種以上の毒物が流れ込んでいます。このうち九〇種は規制されていますが、最近の調べでは、以前には知られなかった三三〇種の毒物がライン河に流れ込んでいることが明白となりました。

そしてフランスのカリ工場によるライン河の汚染は、ライン河汚染全体の一八%であり、オランダはフランスの一五倍の水銀と四〇倍のカドミウムをライン河に放出しているし、西ドイツもフランスの二〇倍のクロームを放出しているということです。

こうした点から明らかなように、ライン河の汚染規制問題一つをとっても、ヨーロッパ全体の利害関係が錯綜していることが分かります。こうしてヨーロッパでは環境保護政策がはかばかしく進展しませんが、その間に汚染は著しく進んでいます。

わが国は幸いにこうした複雑な問題の絡まりはありませんから、もう一度、環境問題を総点検して、一日も早く「公害先進国」の汚名を返上し、次の世代にバトンタッチしたいものです。

(一九八四年九月記)

6 冬を楽しむ人々

美しき冬を歓迎

この冬のヨーロッパは二〇年ぶりの大寒波にみまわれ、ローマなど例年は雪の来ない地方も、どこもかしこも年末から雪景色となり、まことに冬らしい冬です。西ドイツは緯度が北海道よりかなり高いが、その割りに、そんなに寒くない。しかし、さすがにこの寒波では連日マイナス一〇度から一五度といったところです。

この寒さですと、時には室内と戸外の温度差で窓ガラスも毀れますし、庭の敷石も霜でもち上げられてしまいます。屋根からは大きな「つらら」が垂れさがり、これが溶ける時には凶器となります。モスクワでは春先に落ちてくる「つらら」で毎年死者がでると読んだことがありますが、ここでも高い屋根の大きな「つらら」を見ると、危険だと思われます。

それでも、このような寒さにもかかわらず、水道管が破裂するようなことはありません。元来ドイツは冬の国ですから、寒さに充分備えて配管されているからです。しかし家の窓の構造などは、日本の雪国の最近のものの方が合理的に出来ていると思われます。ドイツでは日本のように頻繁に家を建て替えませんから、住居の構造はあまり進歩していないといえましょう。

他方、道路は雪には全く強く、いくら降ってもただちに除雪車が除雪し、塩をまいて凍らないようにしますから、雪で車が動けないということもありません。これは市街地ばかりでなく、すべてのアウトバーンでも同じことです。また歩道では塩と同時に砂利を撒いて滑らないようにします。もっとも家の前の歩道は、各家から出てきて各人が雪かきをしますから、除雪車が来た時には片づいていることが多いのです。

この雪かきの光景がまた面白いといえます。自分の家の前の歩道は、呆れるほどに完璧に除雪しますが、他人の家の前は、たとえ一センチたりとも除雪しません。しかしこれもドイツ流の秩序観に由来するもので、これを以てドイツ人の人情を云々するべきではないでしょう。恐らく彼等は頼まれれば、無料でもこれまた完璧にすることでしょう。

概してドイツ人は冬の寒さには強く、雪も好きなようです。雪が降ると、とくに若者の挨拶はシェーネン・ヴィンター（美しい冬だ schönen Winter）です。休日ともなると老いも若きも外に出て雪遊びをします。近くの森や野原へ出かけて、子供と一緒にソリ遊びです。木々の間を縫っている森や丘の小道をソリで滑り降りるのは、実際に爽快です。私もスウェーデン製グラスファイバーのハンドル付きソリで、この道を五〇〇メートル余り何度も何度も滑りました。

もっともこのソリはドイツでは珍しく、普通は、前の部分を完全に曲げた細い二本のスキーの上に木組みをして座席をこしらえたソリです。ですから皆に私のソリはどこで買えるのかと、ソリ遊びの度に質問されますが、実はこれはスウェーデンから持ってきたのを、友人から譲り受けたものです。とにかく大人も子供も私のようなソリを手に入れたくて仕方がないほど、皆ソリ遊びが好きなのです。

気候が乾燥して且つ気温が上がらないから、雪は実に軽い粉雪で、ソリも良く走ります。低温のために時には青空からも雪が舞い降ります。したがって踏みしめるとキュッキュッと鳴るところのパウダー・スノーですから、スキー好きにはたまりません。日本では北海道か日本アルプスのかなり高地のスキー場の一部でしかお目にかかれない最高の雪です。こんな雪でスキーをすれば、たちまち上達した気分になるでしょう。もっとも森や原っぱでアルペンスキーをする人は見かけません。皆歩くスキー、つまりノルディックで、これはかなり流行しています。公園、原っぱ、森でかなり年配の人達も楽しんでいます。

スキーもソリもしない人は雪の街や野原を、犬を連れて散歩です。とくにお年寄りは一張羅の背広やドレスに毛皮のオーバーといった正装で、夫婦腕を組んで何時間も歩き回ります。時には真夜中一二時近くの、凍りつく寒さの中でもこうした姿を見かけます。このような光景には冬の暗さは全くありません。ドイツの冬は四時少し過ぎに暗くなり、明るくなるのは九時と夜が長いのですが、そんなことは全く気にせずに皆それぞれに楽しんでいます。この他スケート、屋内プール、屋内テニスなどの施設が完備していますから、皆冬も汗を流しています。まことに結構だと思います。

フン害に無頓着

ただしフンだけは何とかして欲しいと思います。とくに雪の中のフンは後で困ります。最近は寒波が遠のき雪も消えましたが、このフンが到る所に残り、散歩をするにも苦労するほどです。ドイツ人にかぎらず、ヨーロッパ人はなぜフンに無頓着なのでしょう。全く腹立たしくさえ思われます。日本ならば、かなり田舎道でもないかぎり、犬を散歩させるスコップを持ち歩き、土の中に始末するか、家に持ち帰って処分します。これは何度ドイツ人に言っても聞き入れません。「私達は税金を払って犬を飼っているのだ」が答えです。犬のフン代も払っていると言うのでしょうか。

とにかく美観を損なうばかりではなく、第一不衛生きわまりません。彼らは外ではいた靴のまま住まいに入るのですから。

寒ければ寒い程

ドイツ人は皆例外なしに一か月以上の夏休み（ウアラウプ）をとりますが、冬にも1か月あまりは休み気分となるようです。たとえば一二月に入ると、他の月より格段に多くの市民がオペラを見にゆきますので、切符が手に入りにくくなります。また、街はクリスマスの飾りつけで美しくかつ楽しく変身し、人々が何かと買い物を沢山するのもこの月です。

仕事も20日頃から余りしないようです。この頃に仕事の話をドイツ人にもちかけても、もうクリスマス前だからということで、仕事を引き受けてくれません。会社は休みとなることは無いのですが、12月も20日頃から一年の仕事納めといった感じになるようです。

そしてクリスマスは休みに入り、これが明けても、すぐに年末年始の休みです。こんな調子で一二月の中頃から年明けの仕事始めまで、お休み気分なのです。年末年始の休みは、若者たちはスキー休みを二〜三週間取って、スイスやオーストリアあるいはイタリアの山荘を借り、ここで家族や友人達と一緒に自炊しながら、スキーとアフター・スキーの馬鹿騒ぎを楽しみます。またかなり年配の人たちは、年末年始の休みにギリシャなどへ行き、肌を焼いてきます。

スイスのスキー場には、この時期世界各地からスキーヤーが集まりますが、ドイツ人グループはとくに目立ちます。彼らはスキー場のレストランに入ると、しこたま飲んで陽気に歌っているからです。そして、もうビールも飲めない程に沢山飲んで、また歌い疲れると、ようやくスキーに出かけて行きます。たしかにスキー場のビールは美味しいですが、それにしても実によく飲みます。

ビールと言えば日本でも近年は冬にもビールを飲むことが多くなりましたが、それは暖かい部屋の中でのことでしょう。しかしドイツでは凍てつくような寒い日に、ビールを飲みながら列車を待つ人を駅で良く見かけます。彼等は季節に関係なくビールを飲みます。水がわりなのでしょう。

さてビールについては後まわしにして、ドイツの冬の生活に関してどうしても触れておきたいことがあります。それが寒くなればなる程、市民のドイツ人らしさが窺えて興味深いということです。

街の電光掲示板に目をやるとマイナス七度、すでに日も暮れてきました。重い荷物を抱えて路面電車を待っていたのですが、雪のため遅れていてなかなか来ません。吹雪が容赦なく顔をなぐりつけます。すでに三〇分経ち、足の先が痛くなり、買い出しの荷物を持った手は冷たいのを通り越して感覚が無くなっています。ホームが待ち人で溢れはじめた頃、ようやく電車が来ました。しかし満員で乗れません。皆黙って見送りました。それから三〇分以上経ってきた電車にようやく乗れましたが、この間、誰一人として電車の遅れに非難めいた言葉はおろか、その他一言も発せず立ちつくしていました。寒いとも言いません。

この人達の中には思い荷物を持ったお年寄りも沢山いたし、おまけに手袋をはめていない人も見られました。その寒さといったら、信州は松本育ちで寒さが好きな私も思わず「痛い」とつぶやく程でしたが、ドイツ人のこの態度には全く恐れ入りました。実はホームの前には暖かいスーパーがありますから、パンでも買いながら、そこへ入って待つことも出来るのですが、お年寄りも含めて誰一人そんなことをしませんので、私もじっとやせ我慢した次第です。

一事が万事で、このようにドイツ人は寒くなればなる程、シャキッとしてきます。凍りつくような早朝に道ですれ違うドイツ人は、背筋を伸ばし、真っ赤な顔の中で目を輝かせています。こうした姿を見ると、冬以外のドイツ人とは別人のような威厳さえ感じられるから不思議です。

また冬の国ドイツですから室内暖房が完備しており、屋内に居るかぎり寒さ知らずですが、一般にドイツ人の家庭では、暖房の温度をそれほど上げず、訪問すると肌寒く感じます。またどんなに寒くても暖房を止めてやすみます。ちょっと模倣できません。やはりドイツ人は冬になると実力を発揮するようです。

（一九八五年二月記）

7　ビールよもやま話――『純粋令』が育てた味、秘伝、僧院からギルドへ

ゲーテも称えた

「書物は塵にまみれていても、ビールジョッキが賢くしてくれる、ビールは楽しくさせてくれるが、本は不愉快にするだけさ。」まことに「言いえて妙」だと思われます。こんなことを書くと、甚だけしからん奴だとか、ドイツでビールばかり飲んでいて少しも勉強していないのだろうなどと、読者に嘲笑されるでしょう。まあ仕方ありませんが、ちなみにこれはゲーテが言った言葉です。

今日世界でもっとも広く飲まれているアルコール飲料は、おそらくビールでしょう。言うまでもなくビールを一番飲む国民はドイツ人ですが、彼等は朝、昼、晩といつでも事情が許せば飲みます。もっとも事情が許さなくとも時折飲み、酔っ払い運転をしています。

飲酒運転の罰金は実に高く、だいたい運転者の一か月分の税引き前所得に等しい額と定められていますが、それでも飲酒運転は通常のことになっています。西ドイツの交通事故の最大要因が飲酒運転ですが、でも一向に飲酒運転は減りません。それだけビールの魅力が大きいということでしょうか。けれども、ドイツ人だけが特別に多くビールを飲むとは言えないようです。ヨーロッパ各地を旅行

してみると、到る処で好まれていることが分ります。ワインの国フランスやイタリアでもビールが多く飲まれています。とくにベルギー人は、ドイツ人と同程度に良く飲みます。またオーストリアやスイスでは、水が美味しいからビールも一層美味しく、皆よく飲みます。ビール醸造にとっても水は肝心かなめと言えましょう。

ではイギリスはというと、ここでもビールがよく飲まれ、統計によると、ウィスキーよりビールの方が多量に飲まれています。やや意外な気がしました。イギリスでは通常は、アルコール度も麦芽汁含有量もやや多めの、いわゆる「スタウト」が飲まれていますが、これは西ドイツでは「シュタルクビーア」といわれて少量出回っています。そしてクリスマスには、甘くて黒っぽい「バートン」というビールを飲むのが、イギリスの常だそうです。アメリカでは、冷たい缶ビールが多量に飲まれていることは周知のとおりです。

六千年の歴史

このように今日広く愛飲されている「ビールの歴史」は、これも非常に永いもので、およそ六〇〇〇年と言われます。第二シュメール王朝の初期からと言いますと、紀元前三〇〇〇年以上も前になりますが、この頃からビールの歴史が解明されています。当時ビールは神や王の飲み物として記されています。太陽や月が、神の支配や超自然的な支配の象徴を示していましたが、これらはビールを飲んでいる王の姿と一緒に表現されていました。そしてバビロンでは、ビール条例がしかれる程に広くビールが飲まれていたと言われます。

当時のビールは麦芽からではなく、大麦そのものから醸造されていましたが、この方法がバビロン人からエジプト人に伝わり、さらに改善されてサフランやアニスなどの香辛料が加えられるようになったと言われます。このような大麦からの醸造がギリシャ・ローマを経て、ケルトやゲルマン民族に伝わってきたのです。

こうしてビール文化が次第に広まっていきますが、他方でゴート族や北方民族も大麦からビールを醸造していたことが知られています。ちなみに広くヨーロッパ以外をみますと、アフリカではキビから、インドではトウモロコシから、東南アジアではコメからアルコール飲料が醸造されていました。

さて今日ヨーロッパを旅行すると、幾つかの「最初の醸造場」と記された僧院跡にめぐり会います。それは、中世ヨーロッパではほとんどの僧院がビールを醸造していたことを示しています。というよりビールは、僧侶が「流動パン（flüssiges Brot）」として醸造するのが常であり、これが知れ亘っていったのです。したがって今日でも有名な醸造会社のうちには、この僧院の名を継承しているものも少なくありません。そしてガリア人の僧が最初にホップを使用して、ビールを醸造したと言われます。これが一般に広まり、中世のギルド職人によって広くビールが生産されるようになりました。

今日でも「カブリヌス」がビールの守護聖人として知られているのは、この頃の名残です。一三世紀の騎士カブリヌスが、ビールギルドの守護パトロンであったからです。もっともカブリヌスの生涯については、様々な内容が伝承されており、定かではありません。一説によるとカール大帝は「ヤン・プリムス」という名を持っており、彼がこのカブリヌスではないかとも言われます。ついでに触れると、これよりずっと以前、かのアウグスティヌス（三五四〜四三〇年）もビール醸造僧達から、最高のパトロンでありビール文化の守護者として仰がれていました。

こうして中世ギルド社会の下でビール醸造が続けられてきましたが、一九世紀初頭になって、これが一大開花期を迎えました。それは、この頃ギルド制が廃止され、また取引の障害となっていた関税が撤廃されたからです。

なぜビール王国に

ドイツのビール醸造業者は、毎年何百万トンもの大麦をビール用に栽培して夏刈り入れ、これから麦芽を作り、ビールの元とします。大麦を湿らせて発芽を待ち、この芽からグリーン麦芽を経て醸造麦芽をつくり、ここから本来の醸造プロセスが始まります。このような醸造工程はともかく、ドイツがビールの国となったのには、ひとつの契機がありました。

一五一六年にバイエルン公爵ヴィルヘルム四世は、いわゆる当時の議会でビールに関する「純粋令」をだしました。それはビール醸造に際して、大麦とホップおよび水だけを使用して、純粋なビールを造ること、という内容です。これが次第に、ドイツ全国に広まり、今日まで護られていることが、ドイツをして美味しいビールの国にしたと言われます。

たしかに水に関して考えると、ドイツがビールの国になったのには特別の理由があるだろうと思えます。ドイツの水は、オーストリアやスイスと比べて格段に悪いからです。にもかかわらずドイツビールが美味しいのは、この条例が寄与しているのかも知れません。

また麦に関しては、ドイツが特別に良いとは言えないでしょう。日本などと比べてより乾燥した気候のヨーロッパでは、どこでも良い麦が収穫されると思われます。余談ですが、こちらの小麦粉で手打ちうどんを打ったところ、実に美味しく、日本の本場の「さぬきうどん」並みのものが出来ました。

麦の収穫期は極端に短く、この時期に乾燥しなければいけませんが、日本ではその時期が梅雨と重なりますから、良い小麦が出来るはずはないのです。梅雨のない北海道か、瀬戸内地方の一部で辛うじて良い麦がとれるぐらいでしょう。もっとも「古古米」ならぬ「古古麦」では何を作っても美味しくありません。年末年始をスイスの山荘で過ごし、「年越しソバ」ならぬ「年越しうどん」を打って見ましたが、美味しくありませんでした。

後でスイスでは「古古麦」を市販していると知り、美味しくなかった理由が分かりました。そういえばスイスのパンも、ドイツやフランスほど美味しくありません。スイスは「永世中立国」ですから、これを維持するために、新小麦は全て備蓄されてしまいます。

話をビールに戻して、先のビール醸造に関する「純粋令」について見ると、これは今日まで変わることなく西ドイツ全土を支配していますが、一度だけこの支配が危険に曝されたことがあります。

それは一九七〇年代になって、ＥＣが「ヨーロッパビール」を生産する計画を立てたことによってでした。西ドイツ以外は「純粋令」はありませんから、「ヨーロッパビール」も当然ながら「純粋令」を免れます。それゆえ、これが西ドイツでも醸造されることになると、西ドイツのこれまでの伝統が破られることになります。そこで西ドイツは、ＥＣのこの案に猛反対をして、一九七六年ついにこれを撤回させたのです。

数え切れぬ種類

さてビールの種類ですがこれも実に多いと言えましょう。ピルツと一般に呼ばれているのは、色も味も日本のビールと似ていますが、アルトと呼ばれているものは、もっと黒いビールで、味も趣を異にします。もう少し詳しくビールの種類を見るには、ビール税による区別が参考となります。

ビール税はビールに含まれる麦芽汁の量を基準として課せられていますから、これによってビールの色や味の相違が示されると言えましょう。一般にフォルビーアと言われるビールが西ドイツのビール生産の九八・八パーセントまで占めますが、これは麦芽汁が一一~一四パーセント、アルコールが三~四パーセントのビールです。

そしてフォルビーアの中には、麦芽の色やホップの量などの相違により、ラガービーア、ピルゼナー、イクスポートビーア、メルゼンビーア、アルト、ケルシュなどがあります。たとえばメルゼンビーアは麦芽汁一三パーセントで麦芽芳香を効かしたビールですし、アルトは黒っぽい麦芽ホップを効かしたビールです。

麦芽汁を一六パーセント以上含むビールは「シュタルケビーア」と呼ばれます。しかしこれは西ドイツの全生産量の一パーセントに過ぎません。シュタルケビーアのアルコール度は四~五・五パーセントです。シュタルケビーアの中でもポックビーアは麦芽汁一六パーセント以上、ドッペルポックビーアは一八パーセント以上のものです。では麦芽汁一四パーセントから一六パーセントの間のビールはと言うと、これは許可されていないので、ありません。

この他には麦芽汁七~八パーセントのシャンクビーアや二~五・五パーセントのアインファッハ

ビーアがわずかに生産されていますが、変わったものとしては煙に麦芽を通して生産したラウホビーア、酸っぱいミルクのような味のするベルリナーバイセなどがあり、さらに先の「純粋令」の唯一例外としてマルソビーアがありますが、これはアルコール分の少ない砂糖入りのビールです。

陽気に飲むべし

「タバコを燻らせてビールを飲んでいる者を怒らせるのは難しい」とは、かの鉄血宰相ビスマルクの言ですが、ビールは緊張をほぐし、フラストレーションを解消します。多忙な現代人には、生活のリズムを整える機能も果すようです。ドイツ人は一般に、物的豊かさの余りに悪しき個人主義に走り、逆にフラストレーションを感じ易くなっていると感じられますが、ドイツ人のビール好きとフラストレーションの間に因果関係もありそうです。

もっとも、ビールによって肥満体となることを恐れている人も多いようですが、飲み過ぎない限り、ビールによって太ることはないでしょう。カロリー計算をすると、ジュースや牛乳よりもビールは低カロリーで、しかもカロリーの半分がアルコールですから、歌でも歌いながら飲んでいる間に燃焼されてしまいます。やはりビールは、ワイワイと陽気に南ドイツ流に飲むべきでしょう。

ドイツ人はビールの泡のことをブルーメン（花 Blumen）と呼び、これを楽しみます。したがってアメリカ人の常の、泡の出ないほど冷やしたビールをアイスビールといって嫌います。冷やし過ぎないように注意し、七～九度ぐらいにしたものを、ガラスのジョッキで泡を楽しみながら、比較的時間をかけて飲んでいます。

もっともジョッキは、磁器のものや、スズあるいは銀のものもあります。一七世紀までは柄のついていない杯で飲むことが多かったと言われます。そしてこの大杯も、庶民は木杯、領主は銀杯、王は宝石を散りばめた金杯であったことが、博物館に行けば分かります。

ドイツ人の生活にとくに溶け込んでいるビールに関するアレコレ、いかがでしょうか。この他にもビールによる料理、たとえばスープ、魚料理、あひる料理その他数えあげればキリがありません。

（一九八五年二月記）

8　伝統の文化を誇る国だが——バッハの〝神格化〟を剥ぐ

見本市の町に「聖トマス教会」とバッハ

ライプツィヒは、八〇〇年前から今日まで続いている「見本市」の町でもあり、出版業も盛んで一八世紀の文豪の作品の多くが、ここで出版されています。しかし、さらに有名なのは、一二一二年に建てられた「聖トマス教会」です。同じ年にこの教会のコーラスも出来たのですが、とくにこれを有名にしたのは、ヨハン・セバスチアン・バッハがここで二七年間指揮棒を振り、数多くの作品を残したからだということは周知のとおりです。

バッハの音楽を称賛して、「この世における神の再来だ」とゲーテが言えば、シュヴァイツァーは「一人の精神でなしに、全精神だ」と感嘆しました。またヴェートーベンが「ハーモニーの先祖」と認め、リヒャルト・ワグナーが「あらゆる時代の中でもっとも美しいナゾだ」と驚嘆したバッハは、30年間余りもここで過ごしたのです。教会のパイプオルガンを聴くことはできませんでしたが、教会とその横に建っているトマスシューレを見ることはできました。

ところで余談ですが、モーツァルトの素顔を扱った映画「アマデウス」が成功したためというわけでもないでしょうが、生誕三〇〇年の今年、バッハのこのような〝神格化〟を覆す様な幾つかの発表も目に付きます。

たとえば『シュピーゲル』（五月一八日号）は、バッハは肩書主義で、臆病で、吝嗇家で癇癪持ち、加えて今日のミュージック産業の元祖だといった記事を載せました。これによると、バッハは、死亡者の数が多いことは、健康な空気が少ないことだと思い、この地域の名誉のために、実際よりも死亡者数を少なく記録してきたそうです。そして彼は友人に宛てた手紙の中で「このため埋葬曲代百ターラー損した」と悔やんでいるということです。また、彼のカンタータは、信仰心からではなく、単に領主の名誉と自分の名声のために作曲したのだと断定しています。

ニーチェが一週間に三回聴いて「キリストの教えを完全に自分のものとした者だけが、これを福音として聴ける」と称えたマタイ受難曲は、少なくとも9か所がレオポルド公の埋葬曲と一致しているとも指摘されています。

あるいはバッハの「イースター・オラトリオ」も、以前からのカンタータから創り上げたものだし、彼のバイオリン・パルチータの前奏曲から、カンタータ「神に感謝する」を作り上げ、ブランデンブルグ協奏曲三番から、フィングステン（聖体拝領）・カンタータをひねり出したとも伝えています。

こうしてバッハの全六七八曲のうち半分もしくは三分の一は、自分の別の曲の焼き直しか、他人の曲を引っ張り出したものだということです。

そしてバッハはこれに対して、良心の呵責を全く覚えていなかったと述べ、その他多くの点から、これまでのバッハ像が偽物だと指摘しています。

文化に尽くしたフリードリッヒ大王

閑話休題。ライプツィヒの近くにポツダムがあります。ここはポツダム宣言の条約が締結された館「チチリエンホーフ」で知られていますが、もともとは紀元九三〇年にスラブ人の町として誕生し、12世紀までスラブ人が住んでいました。

その後、ゲルマン人が入ってきたのですが、ここにはフリードリッヒ大王が造った「サンスーシー宮殿」もあります。これは「憂いのない宮殿」の意味だそうですが、一七四五年に完成しています。これはヴェルサイユ宮殿やウィーンのシェーンブルン宮殿と同様な造りになっており、自然の美しさと人工の美しさを調和させて、広大な庭園を備えています。また庭の至る所に様々な彫刻があしらわれています。アルプス以北では、もっとも像の多い庭だということです。

したがって東ドイツのもう一つの有名なドレスデンの宮殿「ツヴィンガー宮殿」よりも、サンスーシー宮殿のほうが、宮殿自体としては見ごたえがあります。もっともツヴィンガー宮殿には、ラファエロの「システィンのマドンナ」をはじめ、イタリア、フランス、オランダ、ドイツの名画が一四世紀から一八世紀まで時代別、国別に並べられており、これを見るだけでも何日もかかってしまいそうです。

ところでガイドのウラ夫人は、「フリードリッヒ大王は、サンスーシー宮殿を造ったけれども、その他はとくに大王と呼ばれる程のことはしなかったのに、何故か大王という呼び名です」と言い放ちました。

これに対してサンスーシー宮殿のために、特別に派遣された品のいい初老の婦人ガイドは、「大王なんて呼び名は、何か好戦的な感じがして呼びたくないのですけど、フリードリッヒ大王は、戦争ではなく、文化の上で大変大きな影響を及ぼしたと思います。彼の自然主義の思想は、ドイツ文化の基盤ともなったと私は考えます。その意味で私は大王と呼びたいと思います」と説明しました。古きよき時代のドイツ婦人を偲ばせるこの婦人の態度とお話は、心に残っています。

遺されているゲーテやシラーの旧宅

ドイツ自然主義の思想といえば、ヘルダーやゲーテの思想がまず挙げられますが、ゲーテ、ヘルダーゆかりの町はヴァイマールです。ここにはヘルダー教会が落ち着いた中世の感じを漂わせ、ゲーテが設計した公園が、まさに自然を象徴しています。そして街角の広場に面してゲーテの家があり、中央広場近くには、シラーの家、中央広場にはゲーテとシラーが並んだ像があります。

ゲーテの家は、全体的に質素だと言えましょう。客室やそれに通じる部分は、やや飾り気もありますが、自分の書斎や寝室は驚くほど装飾がありません。書斎の本の数もそれほど多くはありませんが、当時としては大変な蔵書だったのでしょう。ただし一八か国にわたる本があるのには驚きました。一八か国語に通じていたのでしょうか。

ゲーテはこの家を、文化担当大臣としての功績を買われて、ヴァイマール公から贈られました。もっともゲーテ自身はその時すでに政治活動に嫌気がさし、足を洗ってイタリア旅行に出かけてしまいました。そしてイタリアから色々と指示を出して造らせたということです。

とくに色彩学に造詣の深い彼は、部屋ごとに色を変えて、その時々の気分にふさわしい部屋で過ごしたということです。全ての部屋のドアを開け放って、一番端の部屋から眺めると、各部屋の色を一度に見渡すことが出来ます。こうした点にもゲーテの趣味が窺えます。

シラーの家は、中に入れませんでしたが、黄色の壁の三階建てのかなり大きな家です。シラーはこの家をローンで建てましたが、このローンを払うために驚くほど多くの作品を書いたのです。しかも、夜中に仕事をしましたから、家族の人達の迷惑にならないように、彼は屋根裏部屋に引きこもってしまったということです。それが原因で彼は病に倒れ、新築した家に長く住むことなく、他界したのでした。

これに限らず何事につけ対照的なゲーテとシラーの像が、同じ背丈で並んで、広場に建てられています。実際にはシラーの方が長身だったということです。アイゼナッハ、エルフルト、ヴァイマール、ドレスデン、ライプツィヒ、ポツダムと回ってきた東ドイツの旅の最後は東ベルリンです。

ここは戦災による破壊が激しく、これを復興させる工事が、まだ至る所で行われています。ドレスデンも戦災がひどかったのですが、ここでは復興作業がかなり進み、昔の町が復元されて美しい佇まいとなっていました。これは戦後まもなく、出征した男性たちが、まだそれほど復員していない時期に、女性たちの手で破壊されたレンガ等を一枚一枚拾い集めて復元工事に着手したためと言われます。ドイツ女性ならではと痛感すると同時に、「その時に、分けてもらったソ連の人々からのパンの味を忘れられない」という話も印象的でした。

東ベルリンでも同様復元工事が、先ずは女性の手で為されてきたのですが、ここはとくに破壊がひどかったので、むしろ新しいものを建てることになりがちです。が、それらを破壊されずに残った伝統の建物と調和させて、昔のベルリンの面影を留める事に腐心しているとのことです。

東ベルリンも、二七学部を擁し、蔵書六〇〇万冊を誇るフンボルト大学を始め、見物するに値する文化財が多いのですが、やはり国立博物館は圧巻です。なかでも古代エジプト、小アジア、東アジア、イスラムの文化財が並べられている「ペルガモン博物館」では、思わず息を呑みました。

バビロンの「感謝祭の行列」のための道は、両側に美事な色彩の焼き物の高い壁が造られ、王の部屋のファッサードも、同様な焼き物で造られた大きな門となっています。いずれも青を基調として、黄色で美しい模様とライオンの絵が描かれています。これが紀元前五八〇年頃に造られたと言いますから、全く信じられません。

この他、バビロンから発掘された素晴らしい遺跡がここに置かれていますが、そればかりでなく、古代エジプト、小アジア、イスラム等の素晴らしい文化財が展示されており、どんなに見ても見飽きることはないでしょう。この東ベルリンの博物館は、古代オリエントに関するものとしては、ロンドンの大英博物館およびパリのルーブル美術館と並ぶものだということです。

それだけに一層、この素晴らしい造形美を見た後で全くグロテスクなベルリンの壁を通過するのは、気の重いことでした。しかし、すでに述べたように、壁の東側の人々も明るく素直に生活していることを思うと、物理的な壁などある面で、日常生活と余り関係ないとも感じた次第です。

（一九八五年七月記）

参考文献一覧

第1章　存在と思考および価値をめぐる社会哲学

1節
・Diels, H., Kranz, W., *Die Fragmente der Vorsokratiker.*「ヘラクレイトス」『ソクラテス以前の哲学者断片集B』岩波書店、一九五一年。
・クーン『科学革命の構造』みすず書房、一九七一年。
・クワイン『ことばと対象』双書プロブレーマタ、勁草書房、一九八四年。
・カール・R・ポパー『科学的発見の論理』恒星社恒星閣、一九七一年。
・プラトン『ソクラテスの弁明』『饗宴』『パイドロス』『国家』『ティマイオス』プラトン全集一、五、一一、一二、岩波書店。

2節
・ハイデガー『存在と時間』（上〜下）岩波文庫、一九六〇〜一九六三年。
・プラトン『饗宴』プラトン全集五、岩波書店、二〇〇五年。
・『阿含経典』全6巻、筑摩書房、一九八七年。

3節
・Hegel, *Wissenschaft der Logik*, hrsg. G. Lasson, 1923, 1951.

4節
・アウグスティヌス『神の国』著作集一二、教文館、一九八二年。
・Durkheim, E. , *The Elementary Forms of the Religions Life*, New york,1912, 1965.

・スティーブン・カーン『時間の文化史』法政大学出版局、一九九三年。
・難波田春夫『近代の超克』行人社、一九九二年。
・田村正勝『新時代の社会哲学』早稲田大学出版部、二〇〇〇年。
5節
・ウェーバー『社会科学と社会政策にかかわる認識の「客観性」』岩波文庫、一九九八年。
・G・ミュルダール『社会科学と価値判断』竹内書房、一九七一年。
・田村正勝『社会科学原論講義』早稲田大学出版部、二〇〇七年。
6節
・Hanson, N. R., *Patterns Discovery*, Cambridge,1961.
・Feyerabend, P. , *Against Method*, London, 1975.
・クーン『科学革命の構造』みすず書房、一九七一年。
・カール・R・ポパー『科学的発見の論理』恒星社恒星閣、一九七一年。
・カント『純粋理性批判』河出書房新社、一九八九年。
7節
・エディントン『物理学の哲学』創元社、一九三九年。
・フッサール「デカルト的省察」『世界の名著62』中央公論社、一九八〇年。
・Husserl, E. , *Ideen Zu einer reinen Phänomenologie und phänomenologischen Philosophie*, 1913.
・ゲオルク・クニールアルミン・ナセヒ『ルーマン　社会システムの理論』新泉社、一九九五年。
・プリゴジン、スタンジェール『混沌からの秩序』みすず書房、一九八七年。
・ルーマン『社会システムのメタ理論』新泉社、一九八四年。
・田村正勝・臼井陽一郎『世界システムの「ゆらぎ」の構造』早稲田大学出版部、一九九八年。
8節

・ハーバーマス『コミュニケーション的行為の理論』未来社、一九八五年。
・Husserl, E. , *Ideen zu einer reinen Phänomenologie und phänomenologischen Philosophie*, 1913.
・カール・R・ポパー『自我と脳』思索社、一九八六年。
・フッサール『ヨーロッパ諸学の危機と超越論的現象学』中央公論社、一九七四年。
・メルロ＝ポンティ「人間の科学と現象学」『メルロ＝ポンティ・コレクション』みすず書房、二〇〇一年。
・田村正勝『新時代の社会哲学』早稲田大学出版部、二〇〇〇年。
・田村正勝『社会科学原論講義』早稲田大学出版部、二〇〇七年。

9節
・アウグスティヌス『神の国』著作集一二、教文館、一九八二年。
・Diels , H., Kranz W., *Die Fragmente der Vorsokratiker.*「ヘラクレイトス」『ソクラテス以前の哲学者断片集B』岩波、一九五一年。
・関口真大校注『摩訶止観』岩波文庫、二〇〇三年。
・トマス・アクィナス『神学大全』第一部、創文社、一九七三年。

第2章　人間および歴史をめぐる社会哲学

1節
・ヤスパース『ニコラウス・クザーヌス』ヤスパース撰集二七、理想社、一九七〇年。
・難波田春夫『危機の哲学』難波田春夫著作集三、早稲田大学出版部、一九八二年。
・田村正勝『見える自然と見えない自然』行人社、二〇〇一年。

2節
・田村正勝『現代の経済社会体制――両体制の行方と近代の超克』新評論、一九八〇年、一九九〇年。
・田村正勝『社会科学原論講義』早稲田大学出版部、二〇〇七年。

3節

・Diels, H. Kranz W., *Die Fragmente der Vorsokratiker.* 「ヘラクレイトス」『ソクラテス以前の哲学者断片集 B』岩波書店、一九五一年。
・ハイデガー『世界像の時代』ハイデガー選集一三、理想社、一九六二年。
・Goethe, J.W., "Urworte. Orpisch", 1817. ドイツ名詩選、岩波文庫、一九九三年。
・ニーチェ『権力への意志』ニーチェ全集一二、ちくま学芸文庫、一九九三年。
・Schelling, F.W.J., *Über das Wesen der menschlichen Freiheit und die damit zusammenhängenden Gegenstände,* 1809.
・ゾムバルト『ドイツ社会主義』難波田春夫著作集一〇、早稲田大学出版部、一九八三年。
・スピノザ『エチカ――倫理学』岩波文庫、一九五一年、
・Schelling, F. W., *Sämiliche Werke.* hrsg. von K. E. A. Schlling 14 Bände, Stuttgard, Augsburg, 1856-1867.
・プラトン『パルメニデス・ピレボス』プラトン全集四、岩波書店、二〇〇五年。
・ハイデガー『パルメニデス』ハイデガー全集五四、創文社、一九九九年。
・ベルクソン『道徳と宗教の二源泉』岩波文庫、一九七七年。
・ベルクソン『創造的進化』岩波文庫、一九七七年。
・田村正勝『見える自然と見えない自然』行人社、二〇〇一年。
・田村正勝編著『ボランティア論――共生の理念と実践』ミネルヴァ書房、二〇〇九年。

4節

・ハイデガー『形而上学入門』ハイデガー全集四〇、創文社、二〇〇〇年。
・ハイデガー『ヒューマニズムについて』ちくま学芸文庫、一九九七年。
・ハイデガー『技術論』ハイデガー選集一八、理想社、一九六五年。
・ハイデカー『世界像の時代』ハイデガー選集一三、理想社、一九六二年。

5節
・アウグスティヌス『神の国』アウグスティヌス著作集一二、教文館、一九八二年。
・ハイデガー『存在と時間』岩波文庫、一九六〇年。
・Heidegger, M., *Vom Wesen des Grundes*, 1929.
・ニーチェ『権力への意志』ちくま学芸文庫、一九九三年。
・ニーチェ『ツァラトゥストラ』中公文庫、一九七三年。
・道元「有時」『正法眼蔵』日本古典文学大系八一『正法眼蔵、正法眼蔵随聞記』岩波書店、一九六五年。
6節
・坂本尭『クザーヌス』春秋社、一九八六年。
・クザーヌス『無知の知』平凡社ライブラリー、一九九四年。
・Cusanus, N., *De coniecturis*, II.
・ヘーゲル『法の哲学』ヘーゲル全集九、岩波書店、一九五〇年。
・Schelling, F. W. J., *Von der Weltseele eine Hypothese der höheren Physik zur Erkläung des allgemeinen Organismus*, 1798.
・Schelling, F.W.J., *Über das Wesen der menschlichen Freiheit und die damit zusammenhängenden Gegenstände*, 1809.
・Volkmann-Schluck, K.H., *Nicolaus Cusanus, Die Philosophie im Übergang vom Mittelalter zur Neuzeit*, Frankfurt/M., 1957.
7節
・オギュスタン・ベルク『風土の日本――自然と文化の通態』筑摩書房、一九八八年。
・難波田春夫『共同体の理論』難波田春夫著作集9、早稲田大学出版部、一九八二年。
・田村正勝・臼井陽一郎『世界システムの「ゆらぎ」の構造』早稲田大学出版部、一九九八年。

・田村正勝『新時代の社会哲学』早稲田大学出版部、二〇〇〇年。
・田村正勝『社会科学原論講義』早稲田大学出版部、二〇〇七年。
8節
・Husserl, E., *Ideen Zu einer reinen Phänomenologie und phänomenologischen Philosophie*, 1913.
・Taylor C., *Philosophical Arguments*, Cambridge,1995.
・ジル・ドゥルーズ『フーコー』、河出書房新社、一九八七年。
・フーコー『知の考古学』河出書房新社、二〇〇六年。
・Husserl, E., *Ideen Zu einer reinen Phänomenologie und phänomenologischen Philosophie*, 1913.
・Habermas, J., Luhmann, N., *Theorie-Diskussion Theorie der Gesellschaft oder Sozialtechnologie : Was leistet die Systemforschung ?* Suhrkamp, 1971.『ハーバーマス＝ルーマン　批判理論と社会システム理論』、木鐸社、一九八七年。
・ハーバーマス『コミュニケーション的行為の理論』未来社、一九八五年。
・ヘーゲル『法の哲学』ヘーゲル全集九、岩波書店、一九五〇年。
・ルーマン『ルーマン、学問と自身を語る』新泉社、一九九六年。
・Walzer M., *Spheres of Justice, A Defense of Pluralism and Equality*, New York,1983.
・ロールズ『正義論』紀伊國屋書店、一九七九年。
・カント『純粋理性批判』河出書房新社、一九八九年。
・丸山圭三郎『ソシュールの思想』、岩波書店、一九八一年。
・田村正勝編著『甦るコミュニティ――哲学と社会科学の対話』文眞堂、二〇〇三年。
9節
・Goethe, J.W., „Gespräch mit Eckermann“, *Gespärch*, hrsg. V.F.W.v.Biedermann,1909–1911, 2.Aufl.Bd. IV.
・ハイデガー『技術論』ハイデガー選集一八、理想社、一九六五年。

・ウェーバー『プロテスタンティズムの倫理と資本主義の精神』岩波文庫、一九六二年。
・ゾムバルト『ドイツ社会主義』難波田春夫著作集一〇、早稲田大学出版部、一九八二年。
・唐木順三『「科学者の社会的責任」についての覚書』筑摩書房、一九八〇年。
・田村正勝『社会科学のための哲学』行人社、一九八六年。
・田村正勝『見える自然と見えない自然――環境保護・自然の権利・自然哲学』行人社、二〇〇一年。
・田村正勝編著『ボランティア論――共生の理念と実践』ミネルヴァ書房、二〇〇九年。

第3章　自然をめぐる社会哲学

1節

・Goethe, J. W., Der Verfasser teilt die Geschichite seiner botanischen Studien mit, *Goethes Werke*, Verlag C. H. Beck.
・デカルト『方法序説』岩波文庫、一九九七年。
・ヘーゲル『自然哲学』ヘーゲル全集二、岩波書店、一九九八年。
・Löwith, K., „Mensch und Geschichite", *Sämtliche Schriften* Bd.2, 1981-1988.
・Schelling, F.W.J., *Ideen zur einer Philosophie der Natur*, Werke, Bd.2. 1797.
・ヴィーコ『新しい学』、法政大学出版局、二〇〇八年。
・高橋義人『形態と象徴――ゲーテと「緑の自然学」』岩波書店、一九八八年。
・ブローデル「ブローデルの基礎概念」『ブローデル』、新評論、一九八九年。
・ブローデルほか『ブローデル歴史を語る』、新曜社、一九八七年。
・田村正勝『見える自然と見えない自然――環境保護・自然の権利・自然哲学』行人社、二〇〇一年。
・田村正勝『社会科学のための哲学』行人社、一九八六年。

2節

・アウグスティヌス『神の国』（アウグスティヌス著作集三）教文館、一九八二年。
・クザーヌス『無知の知』平凡社ライブラリー、一九九四年。
・Nohl, H. *Hegels theologische Jugendschriften* , hrsg. Von Nohl, Tübinigen, 1976.
・Herder, J. G. v., *Werke*, Bd.16（*Herder'ssämmtliche Werke: zur Philosophie und Geschichte*）.
・Plotin, *Plotins Schriften* , übersetzt von R. Beulter und W. Theiler, Bd. 5, Hamburg.1960.
・相良亨『自然という言葉をめぐる考え方について――「自然」形而上学と倫理』著作集Ⅵ、ぺりかん社、一九九五年。
・相良亨『親鸞の「おのずから」自然と救済』著作集Ⅵ、ぺりかん社、一九九五年。
・谷口龍男「親鸞とハイデガー――自然法爾とゲラッセンハイト」。谷口龍男編著『親鸞と現代思想』北樹出版、一九九二年。
・田村正勝『見える自然と見えない自然――環境保護・自然の権利・自然哲学』行人社、二〇〇一年。
3節
・ハイデガー『存在と時間』岩波文庫、一九六〇年。
・Schelling, F. W. J. , *Von der Weltseele eine Hypothese der höheren Physik zur Erklärug des allgemeinen Organismus*, 1798.
・Schelling, F.W.J. ,*Über das Wesen der menschlichen Freiheit und die damit zusammenhängenden Gegenstände*, 1809.
・田村正勝『社会科学原論講義』早稲田大学出版部、二〇〇七年。
4節
・レオポルド『野生の歌が聞こえる』森林書房、一九八八年。
・R・F・ナッシュ『自然の権利』ミネルヴァ書房、二〇一一年。

・P・シンガー『動物の解放』人文書院、二〇一一年。

・Schweitzer, A., *Die Lehre von der Ehrfurcht vor dem Leben, Grundtexte aus fünf Jahrzehnten*, im Auftrage des Verfassers, hrsg.V.H. Bhär, München, 1976.

・宮脇昭『森はいのち——エコロジーと生存権』有斐閣、一九八七年。

・山村恒年・関根孝道編『自然の権利』信山社、一九九六年。

・日本弁護士連合会「自然保護のための権利の確立に関する提言」一九八六年。

・田村正勝『見える自然と見えない自然——環境保護・自然の権利・自然哲学』行人社、二〇〇一年。

5節

・デュルケーム『自殺論』中公文庫、一九八五年。

・デカルト『方法序説』岩波文庫、一九九七年。

・カント『実践理性批判』、カント全集七、理想社、一九六五年。

・ルソー「不平等起源論」「エミール」「社会契約論」『世界の名著36　ルソー』中央公論社、一九七八年。

・シェーラー『宇宙における人間の地位』、シェーラー著作集一三、白水社、一九七七年。

・Schelling, F.W.J., *Über das Wesen der menschlichen Freiheit und die damit zusammenhängenden Gegenstände*, 1809.

・吉田賢抗「為政第二」『論語』新釈漢文大系一、明治書院、一九六〇年。

・田村正勝『見える自然と見えない自然——環境保護・自然の権利・自然哲学』行人社、二〇〇一年。

6節

・Lubchenco, J. "Waves of the Future ; Sea Changes for a Sustainable World" , J.G.Speth, ed. *Worlds Apart ; Globalization and Environment*, Iland Press, 2003.

・Häckel, E., *Generelle Morphologie des Organismen*, Berlin, 1866.

・Odam, E., *Grundlagen der* Ökologie , Stuttgart, 1980.

・Wierner, N., *Mensch und Menschmaschine*, Berlin, 1958.
・Lovelock, J., *Das Gaia-Prinzip* , Zülich, 1991.
・Rozak, Th., *Mensch und Erde auf dem Weg zur Einheit*, Hamburg, 1986.
・マルクーゼ『エロスと文明』紀伊國屋書店、一九八三年。
・Marcuse, H., *Konterrevolution und Revolte*, 1972.
・Habermas, J., *Erkentnisse und Interesse*, Frankfurt, 1973.
・田村正勝『社会科学原論講義』早稲田大学出版部、二〇〇七年。

7節

・Diels, H., Kranz W., *Die Fragmente der Vorsokratiker*. 「ヘラクレイトス」『ソクラテス以前の哲学者断片集B』岩波書店、一九五一年。
・Goethe, J.W. v., „Der Verfasser teilt die Geschichite seiner botanischen Studien mit", *Goethes Werke*, Verlag C. H. Beck, 1948.
・Herder, J. G. v., *Sämmtliche Werke*, herg. Bernhard Suphan Bd.16.
・Hegel, „Die Naturphilosophie", *Hegel-Lexikon*von Glockner, Bd.9.
・ヤスパース『時代の精神的状況』ヤスパース撰集二八、理想社、一九七一年。
・Spinoza, B., *Ethica ordine geometrico demonstratea* ,1., 1667, 『エチカ――倫理学』、岩波文庫、一九八五年。
・Schelling, F.W.J., *Ideen zur einer Philosophie der Natur*, 1797, Werke, Bd.2.
・高橋義人『形態と象徴――ゲーテと「緑の自然学」』岩波書店、一九八八年。
・田村正勝『見える自然と見えない自然――環境保護・自然の権利・自然哲学』行人社、二〇〇一年。
・田村正勝『社会科学のための哲学』行人社、一九八六年。

第4章　哲学的探求と経験科学的探求

1節
・田村正勝・臼井陽一郎『世界システムの「ゆらぎ」の構造』早稲田大学出版部、一九九八年。
・田村正勝『現代の経済社会体制――両体制の行方と近代の超克』新評論、一九八〇年、一九九〇年。
・田村正勝『世界経済動態論――ナショナリズム／ユニオニズム／グローバリズム』早稲田大学出版部、一九八三年。
・田村正勝『社会科学のための哲学』行人社、一九八六年。
・田村正勝『日本経済の新展開――人間復興の経済・余暇論』新評論、一九八九年。
・田村正勝『社会科学原論講義』早稲田大学出版部、二〇〇七年。
2節
・デカルト『方法序説』岩波文庫、一九九七年。
・ヘーゲル『精神の現象学』岩波書店、二〇〇二年。
・Kant, I., „Kritik der reinen Vernunft", 1781. „Kritik der praktischen Vernunft", 1788. „Kritik der Urteilskraft", 1790.『純粋理性批判』『実践理性批判』『判断力批判』カント全集。
3節
・中埜肇『現代文明論としての哲学』法政大学出版局、一九八八年。
・難波田春夫『危機の哲学』難波田春夫著作集三、早稲田大学出版部、一九八二年。
・ヘフナー『社会・経済倫理』同文館、一九六七年。
・ヨーゼフ・ピーパー『余暇と祝祭』講談社、一九八八年。
・田村正勝『日本経済の新展開――人間復興の経済・余暇論』新評論、一九八九年。
4節
・アーノルド・トインビー『歴史の研究』第二十一巻、経済往来社、一九六九年。

・田村正勝『現代の経済社会体制——両体制の行方と近代の超克』新評論、一九八〇年、一九九〇年。
・田村正勝『社会科学原論講義』早稲田大学出版部、二〇〇七年。
5節
・佐藤一斎『言志四録（三）言志晩録』講談社学術文庫、一九八〇年。
・田村正勝『日本経済の新展開——人間復興の経済・余暇論』新評論、一九八九年。
・田村正勝『新時代の社会哲学』早稲田大学出版部、二〇〇〇年。
・田村正勝『社会科学原論講義』早稲田大学出版部、二〇〇七年。
6節
・田村正勝『日本経済の新展開——人間復興の経済・余暇論』新評論、一九八九年。
・田村正勝『社会科学原論講義』早稲田大学出版部、二〇〇七年。
・田村正勝『景気見通し』（二〇〇〇年〜二〇一一年、半年毎の全二二巻）日本経済復興協会。
7節
・田村正勝『日本経済の新展開——人間復興の経済・余暇論』新評論、一九八九年。
・田村正勝『社会科学原論講義』早稲田大学出版部、二〇〇七年。
・田村正勝『新時代の社会哲学』早稲田大学出版部、二〇〇〇年。
・田村正勝『景気見通し』（二〇〇〇年〜二〇一一年、半年毎の全二二巻）日本経済復興協会。
8節
・フーコー『監獄の誕生——監視と処罰』新潮社　一九七七年。
・フーコー『性の歴史』3巻、新潮社、一九八六、一九八七年
・ゲルナー『民族とナショナリズム』岩波書店、二〇〇〇年。
・H・ベルクソン『道徳と宗教の二源泉』平山高次訳、岩波文庫、一九七七年。
・H・ベルクソン『創造的進化』真方敬道訳、岩波文庫、一九七七年。

・田村正勝・臼井陽一郎『世界システムの「ゆらぎ」の構造』早稲田大学出版部、一九九八年。
・田村正勝『社会科学原論講義』早稲田大学出版部、二〇〇七年。
・田村正勝『新時代の社会哲学』早稲田大学出版部、二〇〇〇年。

9節

・Jung, C.G. , *Die Beziehungen zwischen dem Ich und den Unbewußten*, G.W.7.
・Scheler, M. , „Der Geist und die ideellen Grundlagen der Demokratien der großen Nationen“, *Schriften zur soziologie und Weltanschauungslehre*, Bd.1.
・Weber, M. , *Gesammelte politische Schriften*,1918.
・Weber, M. , *Wirtschaft und Grundriß der Sozialökonomik*, Bd.3 1.Halbb.,4.Aufl.,1956.
・難波田春夫「民主主義の弁証法」『共同体の理論』難波田春夫著作集九、早稲田大学出版部、一九八二年。
・田村正勝『現代の経済社会体制――両体制の行方と近代の超克』新評論、一九八〇年、一九九〇年。
・田村正勝『社会科学原論講義』早稲田大学出版部、二〇〇七年。

10節

・ハイデガー『シェリング講義』、新書館、一九九九年。
・ヘーゲル『宗教哲学』全集17巻、岩波書店。
・田村正勝・臼井陽一郎『世界システムの「ゆらぎ」の構造』早稲田大学出版部、一九九八年。
・田村正勝『世界経済動態論――ナショナリズム／ユニオニズム／グローバリズム』早稲田大学出版部、一九八三年。
・田村正勝『社会科学原論講義』早稲田大学出版部、二〇〇七年。

11節

・ニーチェ『権力への意志』ちくま学芸文庫一二、一九九三年。
・シェーラー『知識形態と社会』マックス・シェーラー著作集一一、一二、白水社、一九七八年。

・九鬼周造『偶然性の問題』九鬼周造全集二、岩波書店、二〇一一年。
・フロイト『精神分析入門』フロイト著作集一、人文書院、一九七一年。
・難波田春夫『危機の哲学』難波田春夫著作集三、早稲田大学出版部、一九八二年。
・田村正勝『社会科学原論講義』早稲田大学出版部、二〇〇七年。

12節

・K・ボールディング『経済学を超えて――社会システムの一般理論』公文俊平訳、竹内書店、一九七〇年／改訳版、学習研究社、一九七五年。
・Horkheimer, M. , *Zur Kritik der instrumentallen Vernunft*, Frankfurt/M. ,1947.
・ホルクハイマー、アドルノ『啓蒙の弁証法――哲学的断想』岩波文庫、二〇〇七年。
・Luhmann, N. ,„Funktionelle Methode und Systmtheorie", *Sozial Welt*, 15,1964.
・Parsons, T. , *The Social System* , New York.1951.
・Parsons, T. , *The Structure of Social Action*, 1937.
・アダム・スミス『道徳感情論』岩波文庫、二〇〇三年。
・アダム・スミス『グラスゴー大学講義』日本評論社、一九四七年。
・ボールディング『社会科学のインパクト』恒星社恒星閣、一九七一年。
・ルーマン『社会システムのメタ理論』新泉社、一九八四年。
・難波田春夫『スミス・ヘーゲル・マルクス』、難波田春夫著作集二、一九八二年。
・吉田賢抗著・加藤道理編『論語』新書漢文大系1、明治書院、二〇〇二年。
・田村正勝『社会科学のための哲学』行人社、一九八六年。
・田村正勝『社会科学原論講義』早稲田大学出版部、二〇〇七年。

第5章　社会科学と哲学の対話

1節
・オーギュスタン　ベルク『風土の日本――自然と文化の通態』、筑摩書房，一九八八年。
・ヤスパース『大学の理念』ヤスパース選集Ⅱ、理想社、一九九九年。
・片岡寛光・田村正勝編著『大学の精神――日本の教育と早稲田大学』三修社、一九八〇年。
2節
・ゾムバルト『ドイツ社会主義』難波田著作集10、早稲田大学出版部、一九八三年。
・シュミット『現代議会主義の精神的地位』、みすず書房、二〇〇〇年。
・Weber, M., *Gesammelte Aufsätze zur Religionssoziologie*, Tübingen,1920-1921.
・Weber, M., *Gesammelte Aufsätze zur Wisenschaftslehre*, Tübingen,1922.
・ウェーバー『プロテスタンティズムの倫理と資本主義の精神』岩波文庫、一九八九年。
・カール・レーヴィット『ウェーバーとマルクス』柴田治三郎ほか訳、未來社、一九六六年。
・田村正勝『社会科学原論講義』早稲田大学出版部、二〇〇七年。
3節
・Kaufmann, A., *Rechtsphilosophie im Wandel*, Köln, 1984.
・Kelsen, H., *Die politischen Grundlagen der Naturrechtslehre und Rechtspositivismus*,1928.
・シェーラー『知識形態と社会』マックス・シェーラー著作集一一、一二、白水社、一九七八年。
・Weber, M., *Gesammelte politische Schriften*,1918.
・Weber, M., *Wirtschaft und Grundriß der Sozialökonomik*, Bd.3. 1.Halbb.,4.Aufl.1956.
・K・ボールディング『社会科学のインパクト』恒星社恒星閣、一九七一年。
・難波田春夫『危機の哲学』難波田春夫著作集三、早稲田大学出版部、一九八二年。
・ヤスパース『ニコラウス・クザーヌス』ヤスパース撰集二七、理想社、一九七〇年。

・田村正勝『社会科学原論講義』早稲田大学出版部、二〇〇七年。
・田村正勝『新時代の社会哲学』早稲田大学出版部、二〇〇〇年。
・田村正勝『２０１１年下期の景気見通し――大震災とアラブ異変の行方』日本経済復興協会、二〇一一年。

4節

・ベルタランフィ『一般システム理論』、みすず書房、一九七三年。
・ホルクハイマー『啓蒙の弁証法――哲学的断想』岩波文庫、二〇〇七年。
・Boulding, K., *Beyond Economics: Essays on Society, Religion, and Ethics*, University of Michigan Press, 1968.
・Kant, I., „Kritik der reinen Vernunft", 1781. „Kritik der praktischen Vernunft", 1788.„Kritik der Urteilskraft", 1790.『純粋理性批判』『実践理性批判』『判断力批判』カント全集。
・クーン『科学革命の構造』みすず書房、一九七一年。
・シェーラー『知識形態と社会』マックス・シェーラー著作集一一、一二、白水社、一九七八年。
・河本英夫『システム現象学――オートポイエーシスの第四領域』新曜社、二〇〇六年。
・徳永恂『社会哲学の復権』せりか書房、一九六八年。
・K・ボールディング『社会科学のインパクト』犬田充ほか訳、恒星社恒星閣、一九七一年。
・N・ルーマン『社会システムのメタ理論』土方透訳、新泉社、一九八四年。

5節

・片岡寛光・田村編著『大学の精神――日本の教育と早稲田大学』三修社、一九八〇年。
・田村正勝『社会科学原論講義』早稲田大学出版部、二〇〇七年。

索　引
（＊は人名）

さ　行

た　行

な　行

は　行

【著者紹介】

田村　正勝（たむら　まさかつ）

1968年　早稲田大学第一政治経済学部卒業
1974年　同大学院経済学研究科博士課程修了
現　在　早稲田大学社会科学総合学術院教授
専攻　経済政策，社会哲学
経済学博士（早稲田大学）
主　著　『社会科学のための哲学』（1986年，行人社）
『新時代の社会哲学――近代的パラダイムの転換』
（1995年，2000年新装版，早稲田大学出版部）
『見える自然と見えない自然――環境保護・自然の権利・
自然哲学』（2001年，早稲田大学出版部）
『甦るコミュニティ――哲学と社会科学の対話』
（編著，2003年，文眞堂）
『社会科学原論講義』（2007年，早稲田大学出版部）
『ボランティア論――共生の理念と実践』
（編著，2009年，ミネルヴァ書房）

社会哲学講義
――近代文明の転生に向けて――

2012年3月20日　初版第1刷発行　〈検印省略〉

定価はカバーに
表示しています

著　者　田　村　正　勝
発行者　杉　田　啓　三
印刷者　藤　森　英　夫

発行所　株式会社　ミネルヴァ書房
607-8494　京都市山科区日ノ岡堤谷町1
電話（075）581-5191（代表）
振替口座　01020-0-8076

　亜細亜印刷・兼文堂

ISBN978-4-623-06218-8

Printed in Japan